Con Amor y Perdón

Libre del Rechazo

Lourdes Karina Ferrand Estepan

Lourdes Karina Ferrand Estepan

Nace en Santo Domingo, República Dominicana, en noviembre del 1967. Psicóloga Clínica, con Maestría en Terapia Familiar, estudios diversos de Teología y Consejería Ministerial.

Karina Ferrand, como es conocida, es hija: Héctor Ferrand (Chichí) y de María de Los Ángeles Estepan de Ferrand (Profesora Ángela), maestra desde su juventud con valiosa trayectoria, y directora en Centros Educativos de nuestro país natal.

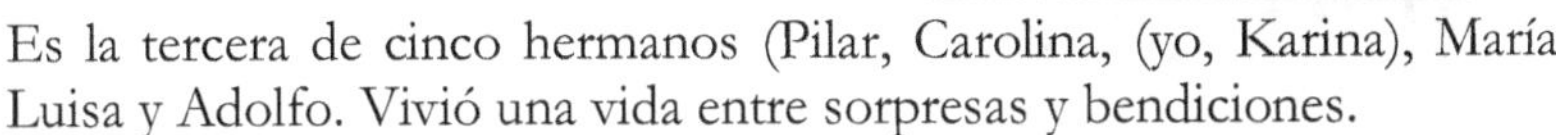

Es la tercera de cinco hermanos (Pilar, Carolina, (yo, Karina), María Luisa y Adolfo. Vivió una vida entre sorpresas y bendiciones.

Madre de VascoB, SharenB y SharinaB, y abuela de PaulaA.

Sus hijos, siguen siendo el motor de su caminar con Jesús, dejando huellas en ellos bajo la dirección del Padre Celestial.

Ha puesto por encima de todo y todos a Jesús como guía de este proyecto. Por esto promueve: a quienes estén en proceso para sanar sus propias historias, su slogan debe ser: ¡Eres mi todo Jesús!

Sus publicaciones han sido de impacto en los grupos donde se ha destacado como promotora de la salud mental, desarrollando programas de crecimiento, sanidad integral, entre otros. Logrando con esto construir su propio camino, ha sido colaboradora en varias investigaciones y libros, ofreciendo asesoría o como coautora en sus contenidos.

Su interés por la sanidad es basado en su propia historia.

Yo creo en la persona, el ser humano fue creado para amar y ser amado. Sin embargo, por patrones rotos o historias disfuncionales se puede dañar una vida con heridas, sentimientos y emociones inapropiadas.

¡Su Meta Es Llegar A Quienes Deseen Sanar Y Ayudar A Otros!

Lourdes Karina Ferrand Estepan

Sígueme por:

Facebook

Lourdes Karina Ferrand Estepan

Instagram

Karina Ferrand Estepan

Email

karinaferrand67@gmail.com

Dedicatoria

Dedico este libro a mi madre, que siempre ha confiado en mí sin darse por vencida, entregando todos sus esfuerzos hasta ella demostrarse que yo sí puedo, con su amor inquebrantable.

A mis amados hijos, que en mi camino frustrado les ha tocado vivir tantas experiencias difíciles, superando sus propias expectativas, amándome con mis defectos y rudezas, obedientes y como cómplices para ayudarme a sanar. Ellos han llenado mis días cada vez más de amor y agradecimiento.

A mis cuñados: Martin Abbott y Manuel Espinal. Gracias por existir. Por ser esa familia con sangre celestial que nos unió.

Mis sobrinos Martin A. (Negro), Martin A. (chiquito) y Héctor, y sobrinas: Geangela, Shiny, Laura y Pilarcita. Esos jóvenes que son testimonio fiel de las bendiciones en nuestras familias.

A los pastores, y cada persona de los ministerios, amistades o relacionados, que como ángeles en mi ruta a la sanidad, han sido instrumento para día tras día construir una nueva historia con mis piezas rotas; confiando en mí y acompañándome en diversos procesos.

De corazón a todo lector, para que pueda encontrar respuestas y un timón con destino hacia la felicidad y la sanidad integral buscada. Reciba en La Palabra esperanza, pueda construir con Amor pasos nuevos, y con el perdón se unan, lo virtual con lo real de su historia.

Desde mi corazón, Gracias.

Elogios

Quizás muchas personas no entiendan la importancia que tiene este libro para mí. Posiblemente usted tampoco mami. Verla escribir un libro después de tantos años, invade mi corazón de felicidad. Ver que a pesar de todo lo que ha vivido... lo que hemos vivido... nunca abandonó sus sueños de ser escritora y compartir su proceso en el camino de amar y perdonar.

Gracias por siempre demostrarme que son posibles, con esfuerzo y dedicación, todos los anhelos de nuestro corazón.

Jeremías 29:11 Porque yo sé muy bien los planes que tengo para ustedes —afirma el Señor—, planes de bienestar y no de calamidad, a fin de darles un futuro y una esperanza.

Te amo mami. Felicidades por cumplir uno más de tus sueños.

Sharen Borbón F.

Siempre nos has hablado del Señor y no has dejado de hacerlo hasta el día de hoy. La palabra de Dios, el mensaje de Salvación es la mejor noticia, porque viene acompañada del mejor regalo, que es el sacrificio de Jesús por todos nosotros en la cruz, para perdón de nuestros pecados, por amor a nosotros.

Esta es una buena noticia y un regalo que nos diste desde pequeños, que para mi, es el más grande de todos y el que ha sido más de provecho a mi vida.

Espero con ansias leer lo que tiene para contarnos en su libro, sé que será de bendición a muchos. ***Te amo: Vasco Borbón F.***

A mi melliza, hermana, compañera de infortunios que forjaron nuestras vidas de las cuáles hoy somos mujeres de bien, luchadoras, fuertes, solidarias y siempre de frente, ante todo. Hemos reído, llorado, siempre unidos como familia con nuestras diferencias, y al final del día dándonos un gran abrazo para limar asperezas te quiero hna. mía y sabes que tengo mis brazos para darte un gran abrazo siempre. Te quiero muchísimo. Dios te siga bendiciendo grandemente. 😍😍😍

Glennys Carolina Ferrand Estepan

Siempre he crecido desde que sentí a Dios en mi propia piel, como se lo pedí tantas veces, que los encuentros con algunas personas venían marcados por su voluntad divina, de aprender de ayudar o simplemente acompañar o ser acompañado, una de esas personas a quien todavía no sé cómo agradecerle a Dios haber traído a mi vida es Karina, llegó en un momento complicado de muchas formas en mi vida, pero llegó para con su propio ejemplo, ponerme en perspectiva desde el Amor con relación a todos esos problemas que estaban en mí, y por los que le pedía a Dios cada noche. Desde entonces me ha acompañado a ver la vida, la familia, el trabajo y las relaciones desde un enfoque completamente diferente. Me enseñó que existían muchas más verdades que la mía, me ha enseñado que el amor, no se expresa necesariamente de la forma en que yo necesitaba que se expresara o como yo lo expreso, sino que lo hace de muchas maneras y que debía también verlo y valorarlo en su justa medida, porque también son expresiones de amor, me enseñó que no todo lo que me sucede me lo debo tomar personal que debo recibir y dejar ir, porque muchas de esas cosas simplemente no son para mí, que hablan más de la otra persona que de mí, pero lo más importante, que un Corazón ♥ dispuesto a perdonar, a sanar y ser perdonado nos da paz emocional y espiritual nos libera, y esa sensación de libertad no se compara con nada. Que vivir desde el rencor y el resentimiento sólo nos ata a nosotros mismos… Ahora bien, cómo no agradecerle a Dios su presencia en mi vida, si me ha ayudado a entender todoo esto, que han sido lecciones vitales para mí, si hasta cuando he necesitado la compañía para una oración y conectarme con Dios, también ha estado para hacerme compañía.

Karina, me siento honrada de poderme llamar tu amiga y que le agradezco infinitamente a Dios su bondad para conmigo cuando te trajo a mí. Gracias por ser y por estar aquí a mi lado como una guía y apoyo invaluable, gracias, gracias, gracias. Con amor y desde mi corazón para ti.

María Alejandra Belliard.

Bendiciones mi hermana querida usted ha sido una luz de paz departe de Dios en mi vida. Dios le ha dado a usted la capacidad de entender cada situación individual de una Mujer, la habilidad de unir un grupo de mujeres de distintos caminos y en unidad conocer nuestra capacidad en Dios. Es un privilegio de conocerle y me da mucha alegría porque sé en su libro usted va a alcanzar muchas más mujeres.

Deseando mucho éxito en el ministerio que Dios le tiene, reconozco mucho el valor de todo cuanto hace.

Le aprecio mucho de corazón. **Carmen L. Banda**

Le agradezco a Dios por ti, y por todo lo que te has atrevido a dar. Tus conocimientos y preocupaciones de solución hacia los demás.

Un abrazo mi querida amiga. **Miguel Ortega.**

Quiero felicitar a Karina, por el lanzamiento de su libro. Se que será de gran bendición para muchas personas, sé que este será el principio de muchos éxitos porque hemos superado tantas cosas en nuestra vida, hemos tratado de salir adelante, a pesar de las dificultades, a pesar de los contratiempos y nos hemos sobrepuesto ante cualquier dificultad.

Hoy te felicito Karina, te deseo desde lo profundo de mi corazón, que ese libro sobre Rechazo llegue y sea de mucha bendición para otros.

Es un éxito más, porque has plasmado tu vida, tu corazón, tu esencia; y sé que juntas, sí juntas, celebraremos todo, porque empezamos un camino donde un día este libro era un sueño, tu libro y mi libro, y ya es una realidad. Te felicito, deseando lo mejor y más éxitos, y aquí estoy para siempre colaborar contigo.

Un abrazo.   ***Angela Papoustsakis.*** ♡

Hermana Karina, usted alguien que pocas veces podemos encontrar en estos tiempos, hablar de usted para mi es hablar de la persona sincera, de una puerta abierta y bendecida que ha sido para mi vida. Encontré a la sierva de Dios, ¡encontré las palabras y respuestas que le pedía a Dios, encontré a una amiga a que he llamado por teléfono y ha estado ahí!

¡Una mujer digna de seguir como ejemplo, guerrera incansable!

Leticia (Letty) Hernández.

Te percibo y percibí siempre como una persona comprometida con su causa y aun con la de los demás. Rebelde, valiente y decidida. Motivadora sustentada en la principal razón que nos une: ¡Amor por Jesús como puente para llegar al padre y alcanzar La Eternidad!

Wanda Batista

Conozco a Karina Ferrand desde hace más de una década. Fuimos compañeros en la maestría en Terapia Familiar, para mí es un ser humano excepcional, con su inteligencia y perspicacia se destacó entre nosotros.

En este libro el lector estará bebiendo de una fresca y buena fuente. Felicidades a la mujer luchadora incansable que a pesar de mil batallas no ha perdido la sensibilidad y el amor compasivo.

Pastor Rafael Guillen Liriano
Pastor, Terapeuta familiar, sexual y de pareja

Te percibo en medio de una coraza y rigidez, donde encuentro una mujer muy valiosa y con mucha sabiduría, con tesón de seguir esparciendo esa semilla de sabiduría a los que le rodean.

Desde mi corazón, Elsy Viñas.

Cuando se trata de mujeres que le sirven al Señor, que se dejan usar por Jesús, y hacen la obra no para vanagloriarse ellas; sirviendo y mirando en quien pueden hacer la diferencia. Esta sierva de Dios llegó a mi congregación y a mi vida dejando una bonita huella, un bonito recuerdo de una mujer que apoya, abraza y lleva un mensaje cada día.
Ella busca ser instrumento del Padre Celestial para marcar diferencia en aquellas mujeres que perdieron quizás esperanza de ser felices o sencillamente poner una chispa de amor. *Magnolia García.*

Desde la universidad siempre me atrajo tu forma de ser, por percibir tu franqueza, sinceridad, humanidad, solidaridad. Eres un ser muy especial Karina, agradezco el reencuentro porque aún en la distancia siempre sentí que nuestras almas estaban conectadas. Agradezco a Dios conocerte y caminar juntas compartiendo tantas bondades. Dios te bendiga siempre.

Abrazos desde mi corazón, Damaris Álvarez.

Hermana yo admiro su fe y su valentía. He visto que ha dado grandes pasos confiando en Jesús y también he visto como Él no le ha fallado. Usted es un ejemplo para seguir, digna de ser admirada por su fortaleza, obediencia y fe en Jesús. Que Dios la siga bendiciendo ♡.

Vilma Hurtado.

Karina Ferrand Estepan, mayoría de veces nos quedamos como espectadores en la serie de la vida y rara vez comprendemos que somos protagonistas... Durante tiempo anduvimos arraigados a miedos, acciones, dolores, angustias; y tu historia que ha pasado por diferentes etapas hoy brilla como lámpara para ayudar e iluminar la vida de otras personas, porque tú eres luz, eres dicha, eres amor y, sin duda alguna, felicidad e inspiración. Por eso desde mi corazón te envío mi cariño, admiración y respeto. Es un verdadero honor conocerte y me siento muy honrado con poder desde mi vida dirigirte unas palabras, Porque eres maravillosa...

¡Éxitos y bendiciones sin par! *Juan Carlos Quintero.*

Elogio y Agradecimiento para Jesús

Gracias Jesús: Mi historia tiene la cara que Tú me has hecho ver, no encontré respuestas hasta conocerte, para amarme y valorarme.

Cuando inicié mi búsqueda esas repuestas las encontré en Ti, oh Jesús. ¨Ese Algo¨ o espacio vacío que sentía, tenían mi vida llena de mis propios ruidos, ídolos y ¨éxitos o fracasos¨; basando todos mis pasos y palabras en una historia contada desde las heridas y el dolor. (¨Tenía la historia perfecta¨).

Sin embargo, con una oración de agradecimiento, pidiendo sea más como tú deseas, me mostraste la historia rota que por tanto tiempo conté, que me alejaba de tí, de mí y de la verdadera respuesta.

Le puse cara a las heridas y palabras erradas a mis emociones contando una historia de procesos amargos y heridas del alma.
Gracias Jesús: diste tu vida por mí en la Cruz, Y encontré tu repuesta, las palabras necesarias para sanar:

Lucas 10:16 El que a vosotros oye, a mí oye, y el que a vosotros desecha, a mí desecha, y el que a mí desecha, desecha al que me envió.

Es que no me escuchaba, no me amaba, ni si quiera me aceptaba tal cual era. ¿Y cómo amarte, si yo no me amaba, ni veía mi valor?
Hice de mi historia por años un camino de espinas que aunque impactaban a muchos; no era la respuesta, ni el mejor testimonio para llegar a ser ese instrumento que enviara mensaje de amor y perdón, en Tu Nombre.
Gracias Jesús, porque mi historia inició cuando una vez más me llamaste con amor, me abrazaste con tu perdón y me liberaste de toda carga, de esa historia rota; para que entienda que el amor está por encima de todo. Entonces, fue despejada toda duda, mi vista aclaró y mis oídos escucharon nuevas palabras amorosas.

Mi historia cambió por amor. ¡Soy creación única, valiosa y amada!

Me vi en mi ¨propio espejo¨ reflejando pasos de un caminar sin avanzar, mi vida no tenía sentido sin Jesús conmigo, a mi lado.

Desde ese momento fluyeron nuevas letras de bendición, dedicadas a cada lector, porque desde el cielo veía mi corazón. Jesús plasmó esas palabras, y así entienda mi historia no es mía, es un caminar de bendición para sanar y llevar las buenas nuevas, Con Amor y Perdón, Libre de toda carga, sin lágrimas, sin palabras compasivas, Libre del Rechazo.

Mi paz, mi gozo, mi vida cambió por y para Jesús.

A ti que decides dar un paso de confianza para ver mi historia de bendición, abre tu corazón para que no leas lo que digo, leerás lo que Jesús quiere contarte a través de estas letras.

No se trata de mí, se trata de JESUS y sus letras de vida en tí.

Gracias, gracias, Jesús… ¡ERES MI TODO! ¡TE AMO!

Prólogo

Desde nuestra niñez, compartiendo en las buenas y las no tan buenas, entre risas y llanto, regresé a esos momentos que son parte muy esencial de nuestras vidas. Me recordó en las primeras líneas, cuan frágil es la vida de un niño que puede arrastrar conflictos desde su gestación, y lo peor de todo, lo llevamos en nuestras vidas, afecta a los hijos, y a las personas que nos rodean.

Esta amistad que por amor y perdón ha superado las barreras del tiempo y la distancia, no fue suficiente para conocer y entender a Karina en su realidad interna. Aunque reíamos, jugábamos y la pasábamos juntas, su malestar y necesidad de amor para nosotras era desconocido.

Existen heridas y maltratos vividos viajando en nuestro ADN y fuera de él, que la autora intenta plasmar de forma que, desde su experiencia, podamos identificarlos en nuestra propia historia, para educarnos e iniciar procesos de sanidad, y continuar nuestro camino libre de heridas.

Además, me enseñó, como nos recuerda en varios capítulos, la sanidad es una necesidad que requiere acompañamientos individuales, porque cada persona amerita tiempos, estrategias y herramientas diferentes para lograr resultados efectivos, ya que diariamente podemos ser atacados, y en la salud integral está la respuesta para evitar daños internos o externos.

Este libro llega desde el corazón de Dios, hasta el de cada lector. Por esto, agradezco haya dedicado sus esfuerzos para sanar y llevar sus experiencias a quienes, como yo, necesitábamos leer estas letras.

Lo cierto, Seguro y verdadero es que, con Jesús como centro de nuestras vidas, podemos ser libres, Con Amor y Perdón.

Raisa J. Castillo Carpio

Contenido

Con Amor y Perdón: Libre del Rechazo / karina.ferrand7@gmail.com

Introducción

¡Hoy es el día para ser libre y vivir en paz! ¡Ámate!

Existen investigaciones y programas de apoyo desarrollados sobre el Amor, impactando al individuo para sanar y ser libre o vivir en paz consigo mismo; sin embargo, en parte de esa población, los resultados quedan divorciados de la respuesta a la necesidad presentada. Por esto, las incógnitas o sentimientos que laceran al individuo por falta de amor reciben sólo pomada que alivia dolor, pero no lo sana en la búsqueda de ese ¨algo¨ que limita sentirse libre y en paz.

El amor, no sólo es un sentimiento, es una ¨fuerza¨ interna que accionamos para amar y determinar hacia dónde dirigir sentimientos y emociones; y el equilibrio entre mente, cuerpo y actitud, para lograr la salud integral.

Desde el nacimiento, en la historia del bebé, se escapan detalles del neonatal que responden a que sólo con amor; como herramienta o técnica no se logran resultados efectivos. Sin embargo, este es clave para conectar las respuestas con el proceso de sanidad buscada.

Con este libro, estoy entregando estrategias para encontrar ese ¨ALGO¨ que en mi historia con Amor y Perdón encontré y me libero de ser o sentirme rechazada de toda herida, carga, culpa, miedo, sentimientos de abandono, vergüenza o responsabilidad. Te acompañará a rediseñar y escribir una historia nueva con letras de bendición.

La vida es un regalo de amor, valor y gozo. No puedes amar si no te amas a ti mismo, por lo mismo, no puedes dar paz, si en tí no hay paz.

¡El amor sana, si conoces tu historia y crees en ti!

22

El Amor
Capítulo 1

El Amor es un tema que no se agota, porque con amor la persona puede ser libre de rechazo o del auto rechazo, por traumas en su historia o eventos repentinos fuera de su control.

Gracias a sentir amor, ese ¨ALGO¨ que me faltaba, sin entender, ni identificarlo, me llevó a iniciar una búsqueda de respuestas, sumada a estudios y programas de auto ayuda y superación personal, siendo plasmados en este libro, con momentos y eventos determinantes para que ese ¨ALGO QUE ME FALTABA¨ encuentre respuesta puntual y liberadora en mi historia pasada.

Con Amor y Perdón está estructurado el contenido, guiando al lector con pautas y datos científicos que soportan las características, tipos de rechazo y dinámica familiar; los cuales en diversos eventos impactan directamente al bebé y a toda la familia desde el nacimiento del neonatal, o en el transcurso de su desarrollo; los cuales frustran inconscientemente toda oportunidad de sentir amor, sentirse amado o lograr conectar con el núcleo familiar que le recibe al momento de nacer.

Me falta algo… es una expresión repetitiva que vez tras vez se escucha en niños, jóvenes, adolescentes y hasta adultos jóvenes o de avanzada edad, no sólo en consultas o lugares de ayuda y crecimiento personal; se destaca en el semblante, la actitud, la comunicación verbal y no verbal, y hasta en la forma de interrelacionarse la persona consigo misma y hacia los demás.

La importancia de plasmar en letras nuestra historia, es aprender que todos somos heridos de una u otra forma, todos podemos sanar con la actitud y las herramientas apropiadas; y todos tenemos la misma oportunidad de ser entes de luz, dando amor en medio de cualquier proceso o pérdida.

El amor en mi familia gozaba de ¨privilegios ocultos¨, como ese de alegrarnos en todo momento, sin importar lo difícil del proceso. Celebrar y acompañarnos, eso es demostrar amor.

Nuestra forma de ver a las personas, nuestra hospitalidad y la manera en que nos adueñábamos de situaciones ajenas, es una forma de amor que sé muchas personas tienen, pero no la valoran.

Sin embargo, puedo dar fe, que nada de esto tiene sentido cuando estás distraído en buscar y perseguir sueños o metas. ¡No por ser malo, no!, Porque se necesita estar sano, para perseguir algo y logarlo; y además valorarlo y mantenerlo.

AMARME, ERA ESE ALGO QUE ME FALTA

Digo esto porque el amor se ha confundido mucho más con lo que deseo, que con aquello que poseo.

El amor ha sido colocado en un lugar fuera del corazón o de la nobleza en las emociones. El amor ha sido manipulado de tantas formas, que puede verse en quienes, frustrados o confundidos, no entienden qué sucede o por qué sienten le falta ¨ese algo¨.

Desde muy joven buscaba la manera de agradar a las personas, lograr ser aceptaba y hasta hacer cosas para llamar la atención de quienes yo entendía era importante ser vista. ¡Error 23!

No sé cuánto esto se identifica contigo, tu historia o te recuerda a alguien, pero es igual una forma de amar distorsionada, porque está envuelta en un querer; y por esto, el lado emocional de lo que quieres, te exige por encima de lo que conviene para tí o para los demás.

En la Biblia, la palabra amor (en la versión Reina Valera 1960) aparece 227 veces, y la primera vez es cuando Abraham intercede ante el Señor por Sodoma y Gomorra:

Génesis 18:24 Quizá haya cincuenta justos dentro de la ciudad: ¿destruirás también y no perdonarás al lugar por amor a los cincuenta justos que estén dentro de él?

Sin embargo, antes ya el Señor le había dicho:

Génesis 15: 1 Después de estas cosas vino la palabra de Jehová a Abram en visión, diciendo: No temas, Abram; yo soy tu escudo, y tu galardón será sobremanera grande.

Esto nos deja claro, que muchas veces no es lo que deseamos o entendemos bueno, las consecuencias siempre llegaran. El hecho de que perdone o no al pueblo, no libera al mismo de las consecuencias de sus malas acciones. Y mayor aún, cuando estamos clamando por compasión, no siempre es lograr lo que deseo la mejor respuesta. A veces es dejar ir, perder o despojarme.

¿Sabías que nadie puede amar, si no se ama a sí mismo primero? ¿Cuántas veces ¨por amor¨ hiciste algo o dejaste de hacerlo, y luego entristeciste? ¿Eres de los que aprendieron que el amor es incondicional? Todos tenemos piezas rotas pendientes de ser contadas y celebradas para bendecir a otros. ¡Tú también!

Vengo a contarte como por ignorar el valor del amor y amarme, mi historia duró años dañándome y dañando a otras personas amadas sin intención, y pude cambiar cada pieza rota con letras nuevas.

Quiero entiendas: El amor sí tienes condiciones, es organizado, disciplinado, y conserva garantías de dolor que utiliza para restaurarnos, llevando nuestras emociones a formas equilibradas de vida más allá de tus propias expectativas y experiencias. Además, Amar es una decisión que, más que ser disciplina de vida, supera nuestra mente finita y los esquemas generacionales y culturales que puedan existir en nuestros registros de valores aprendidos. Amar es un estilo de vida que, con amor, nunca daña, ni hiere.

Nos han mantenido embalsamados en la teoría de que amar es darse, es sacrificios, es demostrar o agradar. Lejos de esto ser amor, es lo que ha llevado a nuestras generaciones en la vía incorrecta hacia sanidad integral, porque el amor viene de la Cruz. Debemos aceptar somos libres, únicos, valiosos y amados.

Con Amor y Perdón. ¡Libre del Rechazo! Es una propuesta que te llevará de un lugar a otro en tus emociones, oferta herramientas de autoevaluación, y ha sido diseñada con la finalidad de construir tu nuevo yo, con las piezas restantes valiosas y necesarias, guardadas por causa de vergüenza, dolor o culpa (ajena o propia).

El amor que ofreces no puede germinar en otros, si no ha florecido y esparcido en ti sus frutos de bendición.

 Ofrecer tan anhelada paz y esperanza es llenar de amor nuestras vidas, y ser multiplicadores de toda esa llenura. ¡Crée en tí!

Viviendo tiempos diferentes, no imagino cómo estará tu vida; sin embargo, te aseguro muchos hemos estado dudosos, desaminados, llenos de preguntas y con deseos de ver acabar esta situación de pandemia o cualquier otro proceso sumado en nuestras vidas.

No es sólo buscar entender cómo continuar en el camino correcto dejando huellas o enseñanzas y agradecimientos, sin sentir la piel desgarrada o falta de amor; es también adaptar cada día a la actitud correcta para ser luz interna y externa en cada jornada, no importa que tan gris amanezca, o cuantas lagrimas nublen tus días.

Este libro nace por el deseo de no sentir rechazo, rechazar o ser rechazada. Fue creciendo con la esperanza de liberar cargas, miedos y ruidos internos; se desarrolla por tomar la dosis perfecta para sanar de Amor y Perdón; arrastrando a otros a sanar conmigo, o a dejar el camino libre para quienes no estén dispuestos a cambiar sus vidas. ¡Si yo pude, tú puedes! ¡Y te aseguro que lo logré!

No se trata de mí o lo que espero de nadie, se trata de que mi propósito de vida se cumpla, según como está establecido en el corazón de Jesús.

Siempre llegarán retos o desafíos para mostrar nuestras virtudes y talentos, y en nosotros descansará la decisión de responder a cada uno con las palabras o hechos ya establecidos en nuestra historia Divina. Esa que inicia con amor en las manos de Dios.

¿Has encontrado, luego de investigar la parte no contada de la historia personal, que con amor tiene otro sentido?

¿Has logrado reconocer acciones conscientes o no, que con amor pudieron ser diferentes y hoy te entristecen?

Tu vida tiene sentido, cuando tus preguntas te guían a saber o conocer detalles de forma diferente. Sin embargo, es posible que no tengas respuestas, y vas a necesitar crear una nueva historia con argumentos vividos de bendición.

¡Tus piezas incompletas valen!

Un libro no cambia la vida por escribirlo, cambia quien busca respuestas y desea ser diferente sembrando bien para cosechar mejor. El libro ayuda mientras al escribir, cambio letras de las historias contadas, y hago nueva y mejor versión de esta.

Por esto:

- ✓ Deja que el amor, guiado por Jesús, drene todas las áreas de tu ser.
- ✓ Que las palabras en tu mente corazón y labios sean de bendición.
- ✓ Que tus ojos lloren ante la presencia del Señor por la paz inexplicable.
- ✓ Que tu vida encuentre en los detalles una luz de esperanza.
- ✓ Que cada problema sea resuelto en el tiempo Divino.
- ✓ Que tus respuestas sean celebradas por quienes te escucharon.
- ✓ Que tu mirada emite un destello desde tu corazón, lleno de paz.
- ✓ Que tus pasos guíen como lámpara, basados en La Palabra.
- ✓ Y reconozcas el cambio inicia en ti, porque nada cambiará hasta que te ames y sientes el amor de Dios.

El amor no lo puede todo sin tu ayuda, es todo, porque está en Jesús, la respuesta, estrategia y el camino... ¡JESÚS ES AMOR!

Porque Tú formaste mis entrañas;
Tú me hiciste en el vientre de mi madre.
Te alabaré; porque formidables, maravillosas son tus obras;
Estoy maravillado,
Y mi alma lo sabe muy bien.

Salmos 139: 13-14

Ejercicios de Autoevaluación:
Capítulo 1: El Amor.
¿Qué es el amor? ¿Qué entiendes por amor?

____

____

Definir: Amar, Querer, Apreciar, Admirar, Adorar, Desear, Alabar.

____

____

____

____

____

¿Cómo se demuestra el amor en tu familia?

____

____

¿Las ideas familiares y personales están claras sobre diferencias entre amor, amar, apreciar y querer?

____

____

El Padre Celestial nos ama, nos creó y nos conoce más allá de lo que nos conocemos nosotros mismos.

____

____

*El Amor es esa semilla que, en el Señor,
nos guía, nutre y guarda de toda maldad.*

La Información
Capítulo 2

Los hijos son una bendición, por lo menos eso dicen entre personas cristianas, y los que creemos en Jesús sabemos es así.

La información en cada nacimiento llena las familias de agradecimiento y expectativas por el nuevo miembro a ser recibido. Mi caso fue un "tanto" diferente. Llegué en momentos que la familia no estaba lista para más dificultades, y menos ser niña, cuando esperaban un varoncito. A esto se suman los eventos de salud por la cual mi madre y yo somos separadas durante casi un mes para estabilizar la situación que se presentó sorpresivamente. Por milagro divino hoy ambas celebramos con vida este gran testimonio. Ya no tengo sentimientos encontrados de lo que es hoy mi vida, y lo que voy a contarte es desde mi nacimiento, entenderás por qué ya que lo presento a continuación:

En el hospital … Se vivieron movimientos en toda la planta de la clínica; médicos, enfermeras, colaboradores. La situación era preocupante y el personal no estaba dispuesto a ceder ante ningún cuadro riesgoso de vida de la madre o la niña. Bueno, sí, ya formalmente era niña. nací con casi 6.3 kilos, peso de un bebe regular a los 3 meses.

¿Imaginas nacer de casi 14 libras, que te pongan una pelota de béisbol en la mano, seas la tercera de tres niñas, y para completar el COMBO llegues con una condición de salud que te aísla de todo y todos por casi cuatro semanas al momento de nacer?

Lo de la pelota en mano es real, pasó luego de superar el peligro.

No entiendo sea único o el peor de los cuadros, es que cada niño sí es único y nace para amar y ser amado. Muchos no lo sentimos.

El hipertiroidismo en el recién nacido suele tener su origen en una enfermedad de Graves de la madre. La enfermedad de Graves es una enfermedad autoinmunitaria. El sistema inmunitario normalmente protege al cuerpo de los microbios por medio de sustancias llamadas anticuerpos. Pero con una enfermedad autoinmunitaria, el sistema inmunitario percibe al tejido normal del cuerpo como extraño y lo ataca. Los síntomas consisten en irritabilidad, frecuencia cardíaca elevada, ojos abultados y aumento de peso tardío.

En mi caso, sólo se diagnosticó el hipertiroidismo como factor determinante del sobre peso. Muchos de esos síntomas fueron ausentes y la infección previa en la madre no fue descartada por un estudio, ni investigada debido a las limitaciones científicas de la época, o la emergencia vivida.

Aquí inició todo, sin imaginar lo que esto causaría en mi vida y cómo afectaría a cada miembro de la familia. K y la madre en ese momento de cuidado delicado son separados para estabilizarlos. K, por un lado, la madre por otra área; mientras afuera, en la sala de espera, el padre esperaba impaciente por respuestas. El tiempo había pasado tan rápido, que ya empezó a preguntar entendiendo que algo pasó y nadie ha informado sobre ¿si nació, si todo iba bien o si debía esperar más tiempo?, porque calmado ya no estaba.

Parecía sonar a pesadilla, o cuento de terror: el esposo, en sus afanes por conocer el estado de su esposa y niña se movía de un lugar a otro; y lejos de imaginar lo que ocurría, las hermanitas estaban en casa de un relacionado jugando e indiferente a la novedad y gravedad del momento. Ellas sólo sabían que otro bebé pronto llegaría a la casa. Bebé se queda, y la mami regresa a casa.

Dada de alta con prescripciones estrictas a seguir para restaurar su salud, y con el corazón roto, regresa a casa porque su hogar y sus niñas también necesitan su presencia. K está en manos profesionales, y mami no puede más que esperar, visitándole las veces que desee hasta su salida. Felizmente la bebé va a casa con sus padres.

Cuando hablamos de hijos, las historias no terminan. Sin embargo, la información en las familias juega un papel muy importante.

¿Qué escuchaste de niño?
¿Qué decimos los padres? ¿Recuerdas?

Nuestra historia tiene relatos repetitivos que pueden sellar o arrastrar a muchos a sentir rechazo o cualquier otro sentimiento distorsionado de la realidad. (abandono, falta de identidad, etc.).

Te cuento: la persona que se siente rechazada no separa las palabras de sus ideas. Al conversar, las pausas no existen. Es como un radio cuando se ha dañado y emite sonidos que, para callarlo, hay que desconectarlo. Esa misma frecuencia se escucha cuando una persona dañada cuenta su historia. Las ideas o mensajes no son claros. Logra mantener ideas, y sumar otras.

Recuerdo al hablar de mis hijos, sin gustarme las etiquetas ya todos tenían una, comentaba que cuando mi hijo nació, (mientras estaba embarazada sólo pedía al Señor, luego de saludable que su color fuera …). Al nacer había sacado todo menos el color que creí iba a tener. La misma cara, el mismo truño y esa expresión ¨seriota¨ que le hacía ver como un adulto desde nacer.

Lastimosamente dije muchas veces: que niño tan feo, sacó todo, menos el color deseado. Mi hijo: es ese niño tierno, pausado, cariñoso y juguetón que con el tiempo cambió, me hizo entender con sus propias palabras que él se sentía feo, porque eso escuchaba de mis labios vez tras vez. Y el mensaje era como para ¨tirarle al padre¨, la vía era incorrecta, y afectó a mi amado hijo.

¿Imaginas mi sentir? un nudo se hizo en mi garganta, me quedé fría y mis ideas fueron regresivamente a cada momento que conté la misma historia. ¡NO! no podía creerlo, yo la causa de un sentimiento de rechazo tan feo, como lo es descalificar su belleza. Inconsciente o no, el daño ya estaba hecho. Aunque no lo sabía, siempre trataba de hacerle ver lo mucho que amaba y admiraba su vida. Mi deleite era disfrutar todo lo que mis hijos disfrutaban: actividades deportivas, culturales, competitivas y musicales, hobbies, etc... Sin embargo, mis heridas los alcanzaron a todos de diversas formas.

ALERTA ROJA:

Por favor, vamos a educarnos en la información que entregamos a lo interno de nuestros hogares. La palabra tiene tanto poder que, cuando sabemos que hemos errado, muchas veces ya es tarde.
Pedir perdón, reconocerlo o abrazarnos, ayuda a sanar.

Mi hijo ese día me enseño mucho más
de tanto que ya había aprendido de él.

Me habló desde su corazón, y me hizo sentir entre llantos la mujer más feliz, porque no toda madre tiene la oportunidad de escuchar a sus hijos ser honestos y expresarse con el amor que el lo hizo conmigo. Ese día recordé, como muchas veces, un episodio de amor que me impacto hasta hoy.

<u>Suceso memorable.</u> Su amiguito le fue a buscar para que jugaran:

- Ven vamos a jugar, le dice el amiguito muy animado.
  - Él sin pensarlo dijo: no, no puedo estoy muy ocupado.
- El amiguito lo mira y preguntó desconcertado: ¿y qué estás haciendo?
  - Y con una mirada feliz mi hijo le respondió: Estoy cargado.
  Él estaba en brazos de su mami, cargado, ocupado y feliz.

¿Qué no? ¡Dijo que no!, un niño que gustaba tanto jugar con sus amigos estaba muy ocupado en mis brazos. ¡Cargado en brazos

de mami! Ese día entendí la importancia de los brazos, del abrazo, valoré hacerlos sentir a mami y acercarlos a mis brazos.

Nunca olvido ese día, y en ese momento volvió ese grato recuerdo a mí, que tantas veces también he recordado y quizás mi hijo nunca notó o destacó mi hijo. ¿Sabes por qué? Porque el mensaje no siempre llega como es enviado, y la información se dispersa por todos los lados de la mente, atrapando cada persona lo que más le impacta en el momento que la recibe.

Debemos cuidar nuestras palabras, cada historia, abrazar más y comprar menos ¨cosas¨ a nuestros hijos.

Ese día mi hijo cuidó cada palabra y su información fue tan eficaz, que su relato, confesión-desahogo, aunque me hizo sentir la más mala del mundo por un momento, me llenó de más amor por Jesús y confirmé otra vez que Dios me bendijo con mi hijo desde su nacimiento. ¡Los hijos SI son una bendición! ¡Créelo y ámalos!

Otro momento en mi afán por agradarlo, intentaba conseguir los carros de una colección que en ese momento estaban de moda. Al ver mi interés, un compañero de labores me regaló el carro rojo más grande de todos en la colección para mi hijo, lo llevé a la casa tan contenta, que ver su rostro me emociona hasta este momento. Sin embargo, como padres queremos marcar las pautas a nuestros hijos al comprar o regalar juguetes, y recibí otra lección de vida.

Una tarde llego a la casa, y ya saben, las madres llegamos a la casa peinando la zona y cuidando detalles que si algo pasa percibimos todo, por más simple que parezca. Veo a un niño jugar con el ¨carrito grande¨ de la colección de mi hijo y respiré, no quise ni pensar.

Me detuve a preguntar al niño, a lo que éste ¨sin asuntarme mucho¨ me contesto: me lo regaló Vasco. Tragué en seco, ¿lo imaginas?, y continué a la casa con la mente en blanco, o eso creo.

Entré a la casa, pregunté a mi hijo por qué regaló ese carro si tanto le gustaba y mi hijo, con una mirada de serenidad que lo caracteriza, me dijo: Él estaba de cumpleaños y sabía que ese carro le gustaría y le haría muy feliz. ¡Me desarmó! ¿Cómo le reclamo?

Los niños no siempre imaginan cuánto nos enseñan, y menos los padres entendemos estas señales que hablan claramente la clase de hombre o mujer en la cual se están formando nuestros hijos. Muchos debemos abrir los ojos del amor, desde nuestro corazón.

Pero allí no queda todo: mi hija siguiente, prematura, temerosa, que nace en momentos de dificultades financieras y emocionales en la familia, llega a dar una luz de esperanza. Nace con una carita tierna y hermosa, con sus ojos grandes y expresivos. Muy cariñosa, inteligente, curiosa y llena de tantas historias. Nace de 4.9 libras, grande para el tiempo de gestación, con seis meses y dos semanas. O sea, nace sobre peso para tener seis meses y medio., porque en estas semanas ese peso superaba lo normal. ¿6 meses y 2 semanas? no nacen o su condición puede verse afectada por falta de oxígeno en el cerebro, desarrollo de sus pulmones y/o genitales. Cuando mi hija lea esto… ya les contaré. jajaja es así: Todo le apena o molesta si no entiende bien las historias o comentarios.

Como nace prematura, llega cuando mi hijo sólo tenía diez meses, y se juntan en edad durante 1 mes y 23 días. Sumando a esto, además, que al nacer la más pequeña ella también tenía diez meses, y hace que se junte ella en edad también con la menor, por 1 mes y 14 días.

Bueno, es algo complicado, mejor les explico en otro momento.

Mi hija igual recibió mis cargas, esas etiquetas que, sin yo sanarlas aún del todo, le harían sentir a ella que su madre le rechazaba. El mismo patrón de sentir rechazo porque al ser prematura, es separada de mi por casi 3 semanas debido a una condición de salud, por sufrir yo un resfriado fuerte, tocer en un instante cambió el tiempo del embarazo, me hizo romper ¨fuente¨ y la condición de ambas era delicada. Mis traumas, sentimientos y emociones, fueron repetidos en una historia de dolor que vivimos ambas, no relacioné antes, y en ambas sin saber por qué sentíamos no pertenecer, o ser rechazada por todo el mundo.

Abrazarnos, tomó tiempo.

Ella no sólo había sentido rechazo, llegó en un momento en que por estar embarazada pierdo un trabajo, por no estar sana me dispongo a complacer a otros para ¨supuestamente¨ por mejoría de la familia debo trasladarme, e inicio una mudanza, nueva vida en otra vivienda, sin imaginar que ella necesitaría ser protegida por todos y hasta por su madre en esa nueva casa.

Aunque mi historia había avanzado hacia la sanidad, mi hija no había recibido las informaciones apropiadas para entenderse a sí misma o su realidad, porque igual su madre aún estaba luchando contra sus propias ataduras, y sin las informaciones adecuadas.

Recibió tantos castigos y reprendas que desde mi corazón muchos de ellos sé ni si quiera estaban adecuados para darlos o ser recibidos por una niña que sólo buscaba atención, amar y ser amada.

Recuerdo una vez para tratar sus formas desordenadas de comer, con un castigo que recibí y supuestamente me funcionó, porque esto le dañaba y necesitaba crear hábitos sanos. Le había prometido, además: que si volvía a hacer lo mismo le iba a castigar para que dejara de repetir esa forma o deseo de comer.

Uno de esos hábitos era comer caldo de pollo, otro comer hielo, entre muchos; y una tarde al llegar del trabajo encontré que estaba con sus sobres ya consumidos y le dije: ven, que te voy a dar todo el caldo de pollo que puedas comer. Destapé varios sobres, y la puse a comerlos.

Cuando ya no podía más me suplicaba parar, que ya no le diera más... Ese día su llanto me llegó al alma, y confirmé en mi corazón que algo andaba mal conmigo. Luché con mi forma para ser diferente. Ser su madre no fue fácil, porque no era ella el problema, pero era fácil encontrar en ellas a quien donar mis culpas. Yo era esa madre que veía en mi hija a la niña, pero mi historia estaba llena de reglas y supuestos correctivos para ¨el bien de ella¨. Error fatal.

Ese momento fue uno de los que más me hizo sentir que ya yo estaba dañada, porque repetí el patrón aprendido en mi historia, que más adelante les contaré.

Mis hijos no sólo vivieron momentos difíciles, vivieron con padres que los amaban, pero necesitaban sanarse primero, para sanos cuidarlos adecuadamente, protegerlos.

Los hijos muchas veces hasta sienten ser la razón por las dificultades de sus padres, o familiares. Y es el mismo patrón que se repite en todas las familias con estructuras disfuncionales.

Con el tiempo mi hija se volvió insegura, rebelde, distante. Sus crisis iban siendo menos, pero su interior estaba más necesitado de ayuda. Su creatividad era impresionante, con el tiempo ha sido perfeccionada, la usa desde muy niña para concentrar sus energías en su talento y desconectarse del mundo que le rodea. Eso hacemos siempre quienes necesitamos amor.

Tenía tanto miedo de que la dañaran más, que en mi discapacidad solo logré arruinar sus alas, y al intentar volar su rumbo con cualquier viento eran debilitado. Mis miedos eran, sus miedos.

Cuando ella nació, sus detalles fueron plasmados en un escrito desde mi corazón para ella, y su importancia en mi vida:

El Poder de las Manos, es un Milagro de Dios.

Estando hospitalizada mi niña mayor, siendo prematura, los médicos me permitieron estar con ella las veces deseada en las áreas restringidas, sólo para que ella sintiera mi calor con el roce de mis manos. Noté como ella respondía con agrado al sentirme cerca, respuesta que era ausente con el personal del centro.

Decirle aquí estoy no era suficiente, porque mi voz no era tan efectiva, pensaba yo (con esos aparatos), como el aroma y el contacto físico. Entonces entendí el valor de un abrazo, de un apretón de manos. Sus pequeñas manitas, apretaban mis dedos.

El contacto físico es más importante que mil palabras, muchas veces, nos hacen sentir seguridad, cercanía, sustento, fortaleza, escudo, aceptación, gratitud. El abrazo es un toque de amor.

Mi hija, es protagonista importante en este libro. Vivió un inició como el mío. Esta información nos unió y nos hizo empezar a caminar, y seguimos caminando. Yo por mi parte tratando mis piezas rotas, y ella tratando de encontrar las suyas. Toma tiempo, pero con amor, se logra. Sé, el próximo escrito puede ser juntas.

El tiempo repara, sana y construye nuevas relaciones.
El tiempo enseña, libera y destruye ataduras innecesarias. Eso trae paz.

El tiempo es vital, porque llegamos y nos vamos sin nada. Aprovecharlo, es sembrar con amor, para luego cosechar resultados. Si hoy los frutos no son los deseados, nos restan horas que son oportunidades de abonar mejor lo sembrado. debemos agradecer, tenemos tiempo de cambiar la cosecha.

Llegada una tercera hija.

Yo casi enloquecida, sin fuerzas y deseando que fuera un sueño, entre llantos y desesperación hablo con mi madre, ella muy sabiamente me calma diciendo: tranquila yo me quedaré con este bebé, no tienes por qué sentirte mal. ¡Todo va a estar bien!

Aunque entendí era una forma de calmarme, porque las madres siempre tienen palabras oportunas, calmó todo en mí, sentí esperanza, me preparé para su llegada al hogar.

Cada hijo trae nuevas experiencias y retos a la familia.

Cada nacimiento es un proceso que, si bien altera la estructura, aprender a integrarlo es lo que facilita la sanidad de todos.

Los hijos son bendiciones del Cielo, llegan a complementar nuestras vidas, para administrarlos y entregarlos de regreso, al Trono del Padre.

Cada información igual marca al nacimiento, porque cada uno llega en un momento que la historia cuenta relatos alentadores o no, y esto hoy lo entiendo claro.

Durante el embarazo de la niña menor, inicio un trabajo bueno y con grandes oportunidades de desarrollo. Aprendo y progreso durante la maternidad y justo trabajo con quien era la directora de la Lactancia Materna del Sistema de Salud, en ese momento (1994) en mi país natal.

Ella me enseño mucho, me hizo sentir y vivir lo valioso de relacionarme con mujeres embarazadas que, con grandes dificultades, han salido adelante con sus familias de partos múltiples o hijos discapacitados, en familias más grandes.

Olvidé mi malestar inicial, entendí que tener otra niña no era tan malo. Mi cuadro de vida era de bendición y yo no lo disfrutaba. Mis hijos, me enseñaron a valorar su individualidad. Ellos eran únicos en su forma y se conectaron como un equipo.

Nace la tercera niña sin problemas y mostró su carácter desde bebé. Sus exigencias y necesidades fueron en su totalidad diferente de los hermanos, señales de que cada uno tenía su propia personalidad, y la de ella superaba por mucho las de una niña mimada o ¨ñoñita¨.

Siendo la menor se hizo aliada en varios momentos de sus hermanos para lograr sus propios intereses, vivía en un mundo de logros donde ¨lo virtual¨ en su historia, tenía todas las facilidades y premios que todo niño desea o entiende necesita. De hecho, sus compañeritos de aula, luego de par de años, me abordaban en varios momentos para preguntar sobre los juegos y viajes de vacaciones que ella disfrutaba y contaba con estilo teatral. Necesité muchas veces sentarla, pedirle que por favor cuidara sus ideas para no externarlas, porque con mentiras o exageraciones sólo tendría problemas de no ser confiable. Yo muy ¨palabreado¨ le explicaba, y ella decía si a todo, sin entenderlo muy claro. ¿Ella sabía lo que estaba mal? No creo. Su forma creativa de contar sus historias me comprometía y mi actitud al hablarle sólo la dejaba más confundida.

Logró formar sus grupos casi como jefe de sindicato. A lo que muchas veces fue imperativo intervenir por los excesos al intentar ser defensora de causas ajenas.

En mi afán por no cometer los mismos errores, erré más y más, vez tras vez. Confié mucho en su potencial y como niña necesitó más cuidados, porque sentí ella podía avanzar sola por todas las ¨muestras de madurez¨ que, en mi inmadurez, veía en ella.

Mis hijos sufrieron abandono, maltratos, falta de brazos, falta de una guía sana para que sus pasos fueran menos temerosos o mejor acompañados.

NO, no lo digo con ligereza, mis lágrimas fueron muchas hasta entender que nadie logra dar lo que lo no tiene… Ellos necesitaban de sus padres, y sus padres necesitaron de sus padres, y los padres de sus padres también necesitaron de sus padres también. O sea, es un mal que por generaciones se filtra, y si no encuentra quien le detenga, prolifera con más fuerzas, y descompensa a toda generación alcanzada.

Con mis hijos, mis preocupaciones fueron en muchos momentos su comida, vestimentas, juguetes, su educación. Por cada necesidad que en mí era prioridad, ellos tenían otras solicitudes, les faltaba mi tiempo, y juntos disfrutamos muchos momentos. Pero entendí no fue suficiente.

Mi hija menor con 7 años me dijo que no le gustaba mi trabajo, porque me ausentaba largas horas, y al llegar era hora de dormir.

Sin anestesia y con dardo al corazón esa fue otra lección de vida.

Los padres llegamos sin experiencia, sin un manual, y ni si quiera nos graduarnos, es un entrenamiento constante eso de tener hijos.

Entendí que:

➢ ¨Armar¨ un buen ser humano en el seno familiar sin dañar sus piezas, es casi inevitable.
➢ Debemos cuidar como externamos con nuestras palabras cada historia, porque la información no siempre llega como es enviada.
➢ Los patrones del hogar se reflejan en los niños, porque los adultos supuestamente cuidamos de no dañar y, sin intención, los niños expresan hasta sin hablar la dinámica que viven.

Las frustraciones y señales son más claras en los niños que las nuestras. Nuestra historia rota, no nos permite escuchar o ver esa señal de auxilio.

Bueno es saber, no todo estaba perdido. Intenté que mis hijos crecieran creyendo en el Señor como nuestro Padre, me enfoqué en que caminaran con Jesús, y mis torpezas daban frutos lentamente.

Tratar de guiarlos a la Cruz, me guiaba a mí a la sanidad buscada. Llevarlos a la iglesia, que se nutrieran de La Palabra y que en su corazón entendieran lo importante de Amar a Dios, sobre todo y todos, me nutría y enfocaba más.

Los hijos son herencia de Jehová para administrar. Y yo necesitaba entender, mi pasado, mi historia, mis padres, mis hijos. Aunque no es que me enfoco en nada específico, la información bien organizada, me permitió caminar en mi historia sana y agradecida, y hoy poder cosechar mejores frutos.

⁵ Y amarás a Jehová tu Dios de todo tu corazón,
y de toda tu alma, y con todas tus fuerzas.
⁶ Y estas palabras que yo te mando hoy, estarán sobre tu corazón;
⁷ y las repetirás a tus hijos, y hablarás de ellas estando en tu casa, y andando por el camino, y al acostarte, y cuando te levantes.

Deuteronomio 6:5-7

Ejercicios de Autoevaluación:
Capítulo 2: La Información.

¿Sabía usted que, toda persona tiene un expediente virtual repleto de informaciones, y pruebas que evidencian cómo se ha interrelacionado, en lo interno y externo de su familia?

¿Qué tipo de información se ha guardado usted por años?

____

____

____

¿En su familia, han compartido la información o eventos vividos, para confrontar las distintas percepciones recibidas desde el ojo de cada miembro?

____

____

____

¿Sabía usted que, debemos cada cierto tiempo, reabrir nuestra historia, si se requiere, como caso de vida, para investigarlo y descartar cualquier suceso que haya quedado sin resolver o esté vigente sin juicio procesado?

____

____

____

¿Qué ha aprendido sobre lo que es el amor y el perdón en la información recordada sobre su historia?

____

____

____

Estar informado o conocer el expediente histórico, no supone saber la verdad, o tener la razón que justifique los hechos.

46

El Rechazo
Capítulo 3

¿Te imaginas sentir un dolor tan, pero tan fuerte que no puedas explicarlo, y llegues a sentirlo hasta como si hiere en la piel?

¿Has experimentado alguna vez rechazo o te has auto rechazado, por eventos o etiquetas en tu vida, sin saber cómo sanarlo?

Eso siente un bebé al nacer cuando es separado de su madre por la necesidad o condición que sea. Al nacer, los espacios ocupados en el vientre se van apretando tanto que el bebe siente más cerca sonidos, emociones, calor, frío. Y al nacer, recibir ese golpe de luz y no sentir olor conocido, escuchar esa voz conocida, o no ser abrazado por los brazos que reconocerá de inmediato; provoca frustraciones, emociones encontradas, crisis. Este momento le puede hacer sentir es rechazado, aunque no sea intencional, y otras emociones más como abandono, inseguridad, estrés, etc.

Por esto, la dinámica luego del nacimiento juega un papel determinante, porque hablamos de casos con niños:

- ✓ Prematuros
- ✓ Muerte de la madre al nacer
- ✓ Con condiciones especiales de salud delicada, madre o bebe
- ✓ Por falta de la madre a causa de salud mental o adicciones
- ✓ Por robo o pérdida del bebe al nacer
- ✓ Acuerdos legales como vientres de alquiler
- ✓ Niños abandonados al nacer por razones desconocidas
- ✓ Huérfanos, o cualquier condición que desvincula al niño de su madre. El bebe puede sufrir niveles de estrés elevados, ocasionando en su inicio y desarrollo de vida una serie de manifestaciones indiferentes o disfuncionales que, si no son tratadas a tiempo, descontrola toda la estructura familia y a sí mismo.

En otros niños en etapas tempranas y no al nacer, sufrir rechazo tiene los mismos resultados, estos sentimientos se vuelven tan naturales como no querer alimentarte, o perder el amor por actividades que antes resultaban de interés.

Por nuestros registros los valores y la afectividad recibida, respondemos según cómo lo percibimos, y en estos archivos aprendidos, emocionales o construidos, pueden estar las respuestas del porqué de nuestro comportamiento sea equilibrado o disfuncional.

El que a vosotros oye, a mí oye, y el que a vosotros desecha, a mí desecha, y el que a mí desecha, desecha al que me envió. Lucas 10:16

¿Debo entender entonces que, si me escucho, escucharé a Jesús, y si me rechazo, a Jesús estoy rechazando, y si a Jesús rechazo, pues igual estoy rechazando a quien a Jesús envió?

O sea, al rechazarme pierdo en contexto de mi valor y que soy amada. Escucharme es muy importante, amarme es vital.

Este versículo cambió mi perspectiva, mi forma de autovaloración, autoconcepto, autoestima.

La persona porta un valor por el simple hecho de ser creación única, y es amada porque quien la creó. Entenderlo es amarme.

El Padre Celestial conoce pensamientos, sentimientos, miedos, dudas, y todo estorbo en nuestro equilibrio, y los talentos que nos iluminan para ser de bendición a los demás. Amar inicia en nuestro interior. ¡Créelo!

El rechazo o de sentirse rechazado se evidencian por falta de:

1. Amor propio,
2. Respeto,
3. Aceptación,
4. Gratitud
5. Seguridad,
6. Identidad,
7. Adaptación al núcleo,
8. Auto conceptos favorables hacia su persona o hacia los demás,
9. La capacidad para comunicarse, controlar las informaciones recibidas o responder a estímulos o elementos lógicos.

El rechazo no solo desestabiliza nuestra identidad, el sentido de pertenencia es bajo, y por esto, la paz, el gozo y el amor se expresan de forma disfuncional.

La identidad, el rechazo puede afectarla por:

✓ Ser esperado del sexo opuesto
✓ Ser parte de hermanos del mismo sexo
✓ Ser la única niña o el único niño de varios hermanos, tratados "igual" por desconocimiento
✓ El modelo de familias con herederos primogénitos varones
✓ Hijos con roles delegados o auto delegados, de madres de sus hermanos, y a veces hasta el rol de tutor o cuidador de su propia madre u otra persona.
✓ Discriminación cultural por el sexo de bebe.
✓ La historia en relación con las funciones laborales y el sexo, también legadas indistintamente por patrones errados o no.
✓ Falta de información en padres para criar según el sexo, o no entender la fisiología según el sexo.
✓ Se pueden dar muchos factores, eso no tiene modelo exclusivo. Entre otros más.

En las expectativas familiares se encuentra mucha información de por qué la confusión con la identidad del niño puede afectarse después de nacer, en su etapa inicial, desarrollo o razonamiento de la moral; o al momento de decidir ser independiente y diferente.

El núcleo familiar debe estar sano para ofrecer herramientas y estrategias sanas. Nadie nace con padres expertos, pero en el transcurso de la vida, muchos de los errores encontrados, se basan en padres permisivos o autoritarios, hijos únicos sobre protegidos. Léase único bebe de sexo diferente en grupo de varios hermanos.

Los errores identificados no siempre apuntan a los padres, en mayoría de casos no es consciente, cada padre da lo que tiene, enseña lo que aprendió, marcando patrones aprendidos según en la dinámica repetitiva por generaciones.

Por eso encontramos los mismos discursos en las familias, tales como:

➢ Los trabajos son para ambos sexos, no hay trabajo de mujer u hombre, TU PUEDES. Incorrecto.
➢ Hay que cuidar más a las niñas, que a los niños de los depredadores. El hombre se sabe defender mejor. Incorrecto
➢ El azul de varones y el rosa para niñas. Esto es aprendido. Incorrecto
➢ Los hombres no lloran. Llorar es de niñas por debilidad. Incorrecto.
➢ Las niñas no deben usar pantalones o los hombres faldas. El protocolo existe y debe cuidarse no imponerse, ya que los niños no entiendes las sanciones, entienden con palabras amorosas. En este tiempo es correcto que pantalones a niños y faldas a niñas.

Incorrectas o no, las historias contadas por generaciones deben ser identificadas, evaluadas y transformadas en letras de bendición. ¿Cuéntame cuál es tu historia?

Cuando escuchas o cuentas varias veces tu historia, es importante buscar cómo puedes reprogramar sus letras para que pasen de tragedia a experiencia, y/o de pérdida o maltrato, a aprendizaje o testimonio de vida.

El sicólogo Guy Winch ha identificado siete consecuencias que comúnmente experimentan las personas cuando de enfrentan al rechazo. Conocerlas y saber manejar estas reacciones le da armas a la persona para poder superar con mayor efectividad esta atroz sensación. Son las siguientes:

1. El rechazo activa las mismas áreas del cerebro que funcionan cuando experimentamos dolor físico.
2. La devastación que produce el rechazo tiene una función evolutiva, sube de niveles y esquemas.
3. El dolor del rechazo tiene mayor capacidad de subsistencia en el tiempo, que el dolor físico.
4. El rechazo pone en riesgo nuestra sensación de pertenecer. ¨Ese algo¨ nos hace sentir fuera de lugar.
5. Fomenta la ira, agresividad, auto boicot, etc.
6. Baja autoestima y la comunicación disfuncional.
7. Desciende temporalmente el coeficiente intelectual.

En cada una de estas consecuencias, existen respuestas únicas.

No puedes cambiar lo ocurrido en el pasado, pero sí la actitud para continuar y vivir un presente libre de heridas o ataduras. Tus piezas rotas tienen informaciones valiosas que debes atesorar y cuidarlas, ellas te darán nuevos esquemas de vida hacia la sanidad. ¿Puede ayudarnos y agregar más discursos?:

____

____

____

El rechazo puede distorsionar tu origen, tu identidad, tu autoestima, la forma de vivir y ver el mundo al que cada persona llega para sentir protección, amor.

Estos últimos elementos inicialmente, en casos como el mío, sólo se sienten en brazos de mamá. Sin embargo, en casos generales pueden estar presente en el nacimiento y luego atienden a estímulos para conectarse con su vida fuera del vientre. Puede ocurrir antes o después de nacer.

Los temas diversos en torno a la identidad han intentado más que buscar respuestas, dar derechos o facilidades para no sentir rechazo social. Sin embargo, la persona que se siente con identidad diferente a la biológica, debe recibir respuestas tales como:

➤ El primer aspecto del rechazo no es la sociedad, es que no nos hablaron del tema o de qué hacer con lo que mis emociones iban desarrollando.

➤ Cuando la persona es honesta, deja de lado responsabilidad alguna de qué ocurrió porque exista o no, la decisión en el camino ya es propia. Cuando se es niño, no se determinan los factores, ni se validan abiertamente. Va creciendo un esquema personal al que hoy día llaman preferencias, identidad disfuncional o diferente, y en el mejor de los casos; desarrollo esquematizado y transicional, con acompañamiento y tratamiento.

➤ La confusión de identidad frente a los roles, según Eric Erickson es una de las etapas desde el inicio del desarrollo de la personalidad.

➤ Confusión de identidad frente a roles

➤ La confusión de identidad versus rol es la etapa psicosocial de la adolescencia. Los principios universales son del tercer nivel de razonamiento moral de Kohlberg. Las operaciones concretas son de la teoría de Piaget del desarrollo cognitivo y la autorrealización es de Maslow.

Es además la quinta etapa del ego según la teoría desarrollada del psicólogo Erik Erickson. Esta etapa ocurre durante la adolescencia entre las edades de aproximadamente 12 y 18 años.

El conflicto se centra en desarrollar una identidad personal, y completar con éxito esta etapa conduce a un fuerte sentido de sí mismo que permanecerá durante toda la vida.

Cuando las personas no se auto evalúan, viven con emociones pendientes por sanar. Porque desde la infancia recibimos detonaciones diversas en nuestros sentimientos, en dónde las secuelas pueden estar anestesiadas y, en algunos casos, el efecto pasa ya cuando han pasado los años.

Los miedos, las creencias, las etiquetas, los patrones familiares que nutren nuestros patrones mentales, viven en nuestras emociones, conscientes o inconscientes.

Por esto, es importante resaltar que: el rechazo, el abandono, la traición, la humillación, la injusticia, las comparaciones, el miedo, la culpa, la vergüenza, son heridas emocionales que inician en la niñez, y si no son identificadas y trabajadas a tiempo, descansan en ti, hasta despertar en la adultez.

Como profesionales de la salud mental, muchos de los grandes personajes en la historia de la psicología con sus teorías ofrecen pautas efectivas, de cómo en la historia del razonamiento moral el desarrollo psicosocial es clave en la identidad, en estas etapas entre 12 a 18 años, y completarse con éxito la formación del individuo para permanecer fuerte toda la vida.

Sin embargo, la vergüenza durante el desarrollo los hace rechazarse a sí mismos. Socializar sin identidad es moldear y llenar su vida de los patrones que les haga sentir aceptados o parte de sus iguales.

Hoy, aunque parecen vivir en una sociedad menos cerrada, es un reto expresarse y hablar libremente de su sentir por temor al rechazo.

Son más los casos ocultos que los revelados, y no es que han sido rechazados, es que igual no cuentan con la capacidad de aceptarse a ellos mismos, por esto pueden no estar preparados para ser rechazados, atacados, señalados, cuestionados.

Aunque se interesan en ser comprendidos, aceptados o llenar expectativas, por el mismo esquema social de sellos y prejuicios prefieren sentirse incapacitados o sin recursos para integrarse.

Aunque no en todos los casos es igual, el tema es más una conexión con el interno de sí mismo, que hacia el exterior. Sumados a la experiencia o modelo de valores en sus promotores o progenitores, el desarrollo psico-social y los registros familiares o culturales aprendidos.

La identidad está muy relacionada con el sexo, porque al nacer o es niño o es niña. Sin embargo, nuestra identidad es eterna, no importa lo que pienses hoy sobre las preferencias estemos o no de acuerdo no somos quienes para juzgar. Lo que sucede en este tema tan delicado (que no es el tema de este libro, pero implica mucho de lo que al rechazo se refiere), ha desarrollado sus propias respuestas y evita acceso a quienes van en contra, y a veces hasta a favor si no están en sintonía con sus ideas virtuales o reales.

Cuando la persona no se acepta a sí misma, todas las áreas pueden verse afectada. De hecho, la primera es la identidad. Porque puede encontrar refugio en patrones errados, o condiciones que le hacen sentir emocionalmente seguro, y crear distancia entre lo que debe ser y lo que es en realidad. https://devocionaldiario.org/sanidad-interior/sanidad-interior-el-rechazo-1

¿Por qué cuesta tanto aceptar soy persona valiosa, amada y única?

Tu vida con el Señor sólo tú la conoces, sigue pidiendo dirección y en Él encontrarás todas las respuestas. Él te ama igual que a mí, más de lo que ambos imaginamos.

La Cruz es la respuesta, nadie te ama como Dios. Jesús es Todo.

Juan, Discípulo de Jesús, dijo: Donde hay amor no hay miedo. No es religión, no es pecado. Es estilo de vida con y para Jesús. ¡Búscale desde tu corazón HOY!

Si el mundo os aborrece,
sabed que a mí me ha aborrecido antes que a vosotros.
Juan 15:18: 18

Ejercicios de Autoevaluación:
Capítulo 3: El Rechazo.

¿Qué entiende es el Rechazo?

____

____

____

¿Cómo están sus dosis de amor distribuidas diariamente, hacia su persona y hacia quienes dice usted amar?

____

____

____

¿El rechazo existe en tu historia o vives rechazando sin entender por qué? Cuéntame de tus intentos por mejorar o sanar.

____

____

____

¿Cree que su historia puede o ha ayudado a alguien para tratar el rechazo, auto amarse o sanar?

____

____

____

¿Está viviendo una vida hacia su exterior, hacia afuera o hacia ambas direcciones?

____

____

____

1. ¿Cuál es su historia desde inicios con todos los detalles, cuál es la historia que perdió su norte, agarrando ruta a mantenerse dañada, sin esperanza y con todos los personajes acusados y sentenciados, menos el principal protagonista de los hechos.? Ejemplo: Prematuro, Entregado en Adopción al nacer,

Enfermedad al nacer del bebe o de la madre, fallecimiento de la madre, Robo o cambio del bebe al nacer, puedes agregar algún motivo o evento. ¿Qué recuerda? ¿A quién puede preguntarle sobre su vida?

____

____

____

____

____

____

____

2. ¿Tengo recuerdos de sentirme rechazado por personas o en situaciones? Si la respuesta es afirmativa, intente recordar y escribir, o preguntar sobre ese proceso para investigar más.

____

____

____

____

____

____

____

3. ¿Cuál es el nombre de ese sentimiento que no sabe explicar y le mantiene desanimado, triste o sin entender por qué está en en usted?

Ejemplo: vacío, Fuera de lugar, abandono, con una pieza pendiente por encontrar, como si mi vida no pertenece a donde vivo … menosprecio hacia mi persona y/o hacia los demás; Iras, cambio de humor. ¿Puede agregar más a la lista, si ha sentido algo más?____

____

____

Las heridas no siempre son producto del rechazo, algunas, salpican más el sentir dañado y maltratado, que vivimos.

La Historia
Capítulo 4

Nací en Santo Domingo, capital de República Dominicana, en una comunidad humilde, en una pareja de esposos que decidieron unirse buscando la felicidad, y el deseo de no estar solos. Terminaron enamorándose uno del otro, el amor no era cuestionado, solo que, en sus registros sentimentales expresivos, los abrazos y las demostraciones afectivas tenían limitaciones reguladas por sus historias, por eventos y pérdidas que marcaron a ambos. El amor en ellos extendió brazos de cuidados y protección para sus hijos. Amar era proteger y cuidarlos.

Todo bebe al nacer requiere como dosis para vivir, recibir abrazos, palabras suaves y tiernas, caricias y miradas que nutran de amor cada momento que vive.

La preocupación por la lactancia materna exclusiva era tan importante que, sin restarle importancia, si el neonatal no es tratado con amor, los resultados luego de varias semanas entre cuidados especiales y médicos, le nutre, pero no efectivamente.

Listo, Ya la niña K salió de la clínica y llegó a casa. El hogar que por tantos días esperó su llegada, donde los padres y hermanitas se alegraban de recibirla, celebra el momento sin imaginar como impactaría luego a toda la familia, porque en su condición de salud existían aún algunos problemas por resolver.

Muchas veces la persona herida cree que su herida es única en contenido y busca sanarla. Sin embargo, pueden ser varios eventos conectados y entrelazados como un ¨set o paquete de emociones¨ que, igual si difícil es descifrarlas, también trabajarlas por separado es imperativo.

Por esto, sin haber cumplido 4 meses, K debe ser llevada a emergencias nueva vez, separada y aislada de su núcleo familiar.

Sin idea alguna de qué podía padecer la niña, con síntomas similares a gripe repentina e invasiva. Personas en movimiento y la cara desconcertada de la madre en emergencias es el cuadro que imagino, donde su esposo la esperó en cada nacimiento, y ella ahora en esa sala de emergencias, vivía lo mismo, ansiosa por recibir respuestas sobre la condición de su niña.

El tiempo se hizo largo, y por fin viene a preguntar un médico sobre los parientes de la niña, la madre, casi aliviada por escuchar que la niña estaba estable, se desmorona en lágrimas al escuchar que debía irse del centro dejando a su bebe ingresada, por ser portadora de una enfermedad de alto riesgo llamada Difteria. No, no lo creía, pregunto varias veces para entender que su bebe estaba en peligro otra vez, y que ni si quiera podía ser abrazada o vista por nadie hasta no pasar la cuarentena y el peligro contagioso de esta enfermedad. Entonces, sin saber que hacer para comprender bien tanta información y tan rápido, se sienta y pregunta: ¿cuáles posibilidades tiene?

Los médicos le alentaron a no desanimarse, la niña ya había superado un cuadro milagroso, este caso no tenía que ser diferente.

La madre pregunta otra vez: ¿Cuánto tiempo debe estar aquí? ¿cuándo puedo llevármela? Con respuestas reservadas, solo explican consecuencias y daños que ocasionaría si sale del centro sin estar completamente recuperada, que cada situación es única, y que la evolución es que les permite a ellos tener esa respuesta, luego de varios días en tratamiento. A lo que siguió preguntado: ¿Y qué hago con las niñas en la casa? ¿Estamos todos expuestos a ese contagio? ¿Cómo es que sucedió esto? ¿Cómo es que ustedes no notaron que la niña estaba enferma?

Fueron muchas preguntas, la madre estaba frustrada por no saber ni entender qué pasó que su niña hoy está en esas condiciones. Por qué le permitieron irse del centro, con esa enfermedad, o si estaba así cuando nació. Vivir ese momento otra vez dolía más.

El médico no sólo intento calmarla, la sentó para conversar con ella y descargarla de toda culpa o responsabilidad, diciéndole que es una enfermedad en progreso que ha sido tratada por algún tiempo, que la bebé estaba recibiendo los cuidados a tiempo. No necesariamente estaba enferma al salir del hospital, e igual en el momento del contagio era incierto.

Luego, con voz suave le dice: vaya a casa con sus niñas, ellas le necesitan ahora más que K. Yo, personalmente, me encargaré que vuelva a casa sana, pero debe prometerme que será paciente, es una situación delicada y sé que ella se recuperará.

Y continúa: Entiendo su preocupación, por ahora no hay más nada que esperar y orar. La madre se va con el corazón en las manos, entendiendo que todo es de riesgo. Ahora debe continuar con las demás niñas, antes de pensar en riesgos mayores.

Pasaron días, semanas. La niña respondió al tratamiento milagrosamente.

El médico, en su afán de calmar a la madre, no comentó lo mortal y delicado de la situación. Sólo entendía que haría humanamente todo lo posible para cuidarla, hasta curar completamente esta enfermedad, aun sabiendo que los recursos de la época no favorecían mucho los resultados.

Al ser dada de alta, la madre feliz la recibe en brazos a K, y la mira con llantos de emoción. Es un día de victoria. UN MILAGRO MÁS PARA TESTIFICAR. Fueron días largos de espera, que el mismo embarazo o nacimiento ni se comparaban.

Estaba grande, más confundida que antes y percibiendo nueva vez a mamá cerca, por lo menos así lo imagino, es posible que ya el daño haya calado más en el proceso del vínculo entre ambas, y saberlo sólo era asunto de tiempo, para esperar y ver señales.

Al llegar a casa, las medidas eran más estrictas. La niña debía ser observada durante un tiempo, para evitar cuadros sorpresivos. Las hermanitas no comprendían nada, y juguetones intentaron ver y celebrar el regreso de K.

La madre notó diferencias entre esta niña y las demás de inmediato, era distante, indiferente, sin muestra de emociones normales en un bebé. No lloraba, el alimento que es la principal causa de exigencia del bebé, no le preocupaba en lo mínimo a K, ni si quiera mostraba interés por estar en brazos. Era una bebé definitivamente única, exclusiva, distante e indiferente.

Con todas estas señales claras, la madre trataba de tomar cuidados con amor, para no olvidar su alimento, su higiene, todo cuanto se requiere en un bebe ¨de exigencia normal¨.

Ella pareció ausente por largo tiempo, como si sólo eran dos niñas en el hogar. Esta madre sabía que era como ser primeriza, porque la niña estaba enseñando de forma diferente a ser madre y cuidar de quien ni exige o se hace sentir necesita de nada, ni a nadie. Era como si una ¨niña ajena¨ estuviera en la casa.

Con el tiempo, fue comprobado el malestar y el daño emocional que produjo esta separación, por cada habilidad o expresión demostrada en K, muchos malestares fuera de lo común, y otros totalmente distanciados de su entorno familiar.

En su rutina, las siestas matutinas y vespertinas fueron muy extensas, al punto que sus actividades eran diurnas y distraídas.

El momento de dormir con el agotamiento de la madre por las tareas laborales y domésticas, eran un bálsamo. Sin embargo, al dormir K tanto en el día, pasaba muchas noches dando vueltas dentro de la casa, mientras el resto de la familia dormía.

Recuerdo de las informaciones escuchadas en reuniones fue: Ella nunca dormía, refiriéndose a mí, era una niña que aún tranquila prefería estar despierta en las noches. No daba tormentos.

Entonces ocurrió lo inesperado…

- Tocan la puerta: Toc toc toc, suenan golpes fuertes, alterando toda la zona.
- Se levanta la madre de K y pregunta: ¿Quién es?
la profesora pregunta sorprendida, camina somnolienta, y al llegar a la puerta, vuelve y pregunta. ¿Quién es? ¡Si no me dice no abriré! Replica la madre de K

- Del otro lado de la puerta se oye una voz que dice: Somos los oficiales del cuartel de la cuadra siguiente, venimos a entregar un paquete con urgencia para esta familia.

En otra época, ni por relajos se abre esa puerta. Sin embargo, reconoce la voz y entiende que algo no anda bien.

La maestra abre la puerta medio intrigada, y no sólo ve a los oficiales, también ve esa pequeña niña entre ambos, con cara de: **ni sé que hago con ellos.**

- Asustada pregunta: pero y cómo, qué, y cuándo… No sabía que preguntar o comentar. ¿Dónde estaba? ¿Cómo pasó?

- Los oficiales le explicaron que la niña, al parecer tiene llaves de la casa. Es broma, y se sonríen para calmar la madre. Sin usted notarlo, al parecer, la niña salió y nadie escuchó o notó que ella no estaba. Al salir, parecía monitorear la zona. ¿Imaginas una niña de tres años, sola de noche, en la calle?

Explicaron además que: rumbo al parque, hacia la parte norte de la calle en la que caminaba, fue abordada por oficiales del cuartel donde al ser vista, igual también fue reconocida por un señor que dijo saber dónde vivía y quién era la madre.

¡Ese Señor Bendijo mi Familia! Nos evitó vivir una desaparición.

Hoy creo fielmente que desde antes de nacer ya cuidabas de mí Señor. Todo en tu orden, me regresó a casa. ¡Gracias Padre!

Los niños no ven peligro, aprenden por experiencias lo que es o no peligroso. Ese día Dios cuidó de mí, y de toda mi la familia. Porque ese vacío cuando alguien desaparece sin ser visto otra vez, es como una pieza incompleta, no se llena, y camina con todos para siempre. Esta es la definición más cerca que he escuchado, de las respuestas en quienes han vivido este tipo de pérdida. Te quedan muchas dudas, y esperas regrese al hogar, a nuestras vidas. No pierdes esperanza, mientras te maltrata no saber nada.

Ya tenían muchos sucesos esta familia, para sumar una pérdida de esa magnitud. No por el hecho en sí de perder a un ser querido, de la forma ocurrida, sufrirían por sentir culpa, vergüenza de contar la historia, dolor de creer haber sido los peores padres por no proteger a la niña. A veces no se entiende, pero sucede.

Dios en Su Plan Divino, permitió sucediera para enviar un mensaje de alerta. Pienso que esto los hizo más sensibles. Fueron más temerosos a partir de ese suceso. Existen programas que no alivian la pérdida, muestran cómo descargar el dolor de esta, aprender a liberarnos de las cargas o responsabilidades, y sanar en medio del dolor, porque no volverán a ver a su ser querido.

Jehová está conmigo; no temeré
Lo que me pueda hacer el hombre.

Salmo 118:6

Ejercicios de Autoevaluación:
Capítulo 4: La historia

En las familias, cada hogar tiene un remanente del pasado que llega o se ausenta para colaborar o dañar la dinámica. Cada familia es un grupo: ¿Su familia es nuclear o combinada? ¿Cuántos hogares bajo techo conviven con usted? Padres con hermanos, Abuelos con Tíos, Tíos con primos, Hermanos-sobrinos, etc..

____

____

¿Puede recordar alguna historia familiar reiterativa en las conversaciones, que llegan como canciones ruidosas que suenan cada vez que interactúan los personajes de la historia?

____

____

¿Se anima a contarnos algo de su historia que recuerda siempre?

____

____

____

____

____

____

____

____

____

____

____

Cada historia tiene dos versiones, y a veces más.
¿Cuántas versiones puedes encontrar en la suya?

Etiquetas

Capítulo 5

Los años transcurrieron rápido, las niñas a los dos años recibieron una nueva hermanita. La familia crecía y crecía, y entre las niñas, sólo K era diferente. Seguía siendo ese personaje en la casa diferente, ausente, divorciado en carácter y personalidad a las demás. El nuevo miembro de la familia vino a comprobar que antes o después de su llegada, era una niña con rasgos y comportamiento diferente, con personalidad introvertida.

Era tratada como la niña ¨enferma¨: Dentro de los síntomas de un niño con hipertiroidismo, se encuentran posibles dificultades respiratorias recurrentes, problemas en subidas y bajadas de peso, problemas cardiacos. Sin embargo, en K, muchos de estos ya estaban nivelados al cumplir los 5 años.

Era una niña observadora, creativa, y muy decidida a no ser invadida o formar parte de grupos o eventos no deseados. Por eso, llamarla rebelde o ¨rosca izquierda¨ ni le importaban, siendo algunos de los sobre nombres recibidos. Su estilo de relacionarse se volvió muy selectivo, conquistó desde niña un esquema de vida personal. Compartía con su amiga del espejo, y reía sola.

Fue designada como la más fea en la casa, y ella misma llegó a creerlo, ya que las visitas llegaban y al preguntar por la más fea, ni había que llamarle, ella respondía. Cosa que era muy extraño en este hogar, porque suponía ser un chiste, pero la distanciaba más. Disfrutaba escuchar las historias y observar todo cuanto hacían los invitados y sus anfitriones, sin ser vista.

K no solo era ya una preadolescente, también entre sus iguales, era ese personaje que desestimaba fácil las tareas no deseadas, tenía interés y dedicación sólo por aquellas para ella interesantes, que le exigían un poco más, sin ser expuesta o competitiva.

Parecer una niña normal no estaba en su guión, ni en su haber, faltaban recursos expresivos y de desarrollo del habla normal, que luego fue notado con más claridad. Por lo que llegaron nuevas etiquetas al coctel de palabras como, por ejemplo: ¨media lengua¨ ¨gaga¨, ¨tartamuda¨. Bueno, eran muchas cualidades. Ya si se llenaba el vaso de palabras, pero ninguna de estas nutritivas.

En los tiempos de este hogar, las limitaciones estaban excluyendo a ésta y cualquier familia, de recursos tan necesarios como: Terapias, acompañamientos, Supervisiones recurrentes de ayuda personalizada, entre otros programas; porque las estrategias y tratamientos para niños en RD estaban en pañales.

En países subdesarrollados, la discapacidad o el cuidado especial, hasta la fecha, siguen luchando por inclusión de quienes por nacimiento o eventos traumáticos lo sufren, y aun así se sienten aptos para ocupar plazas o desempeñar tareas diversas. Pueden existir, pero están muy limitadas las oportunidades.

No es tan fácil ofrecer respuesta a un niño que pregunta por qué me dicen feo, loco, idiota o cualquier forma de dirigirse a él, que no sea su nombre correcto. Y menos cuando padres o miembros del hogar son creadores, o los más recurrentes en la práctica y responsables del ¨sobre nombre asignado¨.

La burla nos crea confusión, autopercepción errada, y creemos esa información porque viene desde nuestro núcleo familiar. Además, no aleja de sentir fuimos creados únicos, valiosos y amados.

Como en Lucas, si no nos amamos, nos puede alejar de la Gracia recibida, por amor y perdón, en la Cruz.

Cuando sabemos quiénes somos, explicar está de más. Esa es una de las libertades recibidas, caminando con Jesús.

No necesitamos ser aceptados por el mundo, nuestra identidad está en la forma de expresarnos y la actitud en cada evento. Nuestra ciudadanía y morada es eterna. Debemos ser modelo de Cristo. Ser libres de patrones, no nos da permiso a maltratar.

Quien mucho explica, suele complicarse más. Nuestra identidad es en Cristo Jesús, porque la confianza en nosotros mismos evita ¨tratar de quedar bien¨ con nadie. Ser sano y sin etiquetas es liberarnos de ruidos, y si la historia es errada puede cambiar, con mejor actitud. Cristo lo tenía bien claro, llegó hasta la cruz por amarme.

Jesús fue cuestionado desde el nacimiento. Enviado de un lugar a otro, para que su propósito en la tierra se cumpliera. Sólo hasta antes de su último suspiro, pidió pasar la copa de el, si se podía.

Jesús vivió íntegro, con cualidades que hombre alguno tendrá. Y yo, aprendí a ver en Su Historia de Amor y Perdón, en mis tormentos, en mis traumas, en toda información que de alguna forma tenía una mejor versión, y me mantenía vendada.

La grandeza de su sacrificio por mí, y el milagro de saberme liberada, sin merecerlo, hoy me etiqueta sólo como hija de Dios.

Entonces le escupieron en el rostro y le dieron de puñetazos; y otros le abofeteaban, diciendo: Adivina, Cristo, ¿quién es el que te ha golpeado?

Mateo 26:67-68

Ejercicios de autoevaluación:
Capítulo 5: Las Etiquetas.

¿Cuáles etiquetas o sellos fueron asignados en su historia familiar?

____

____

¿Al hablar de etiquetas, puede expresar con palabras, no oraciones, cómo le han hecho sentir esas palabras?

____

____

____

¿Qué ha hecho para evitar responder de la forma en que por años se ha manejado frente a los sellos, o a sus emociones?

____

____

____

¿Le gustan los sellos o las etiquetas? SI ______   No ______
¿Por qué? ______________________________________

____

____

____

____

¿Cómo puede ayudar a las personas a evitar etiquetarse o descalificarse con palabras?

____

____

____

Muchos le mantendrán las etiquetas,
como sellos de reconocimiento.

No lo tome personal, ese sello utilizado, hablará más de ellos que de usted. Puede invitarles a usar su nombre.

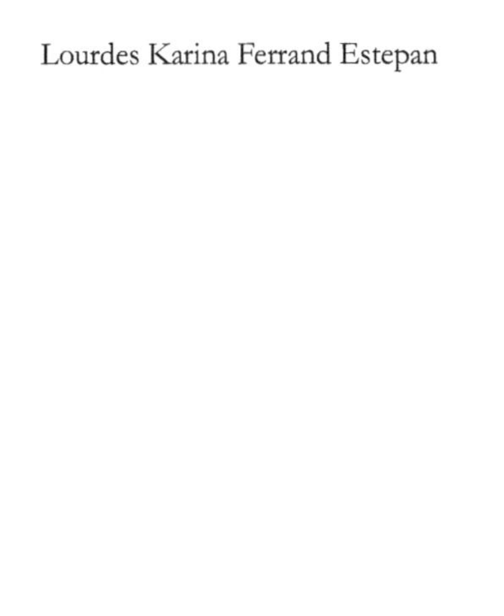

La Niña
Capítulo 6

¨Ser niña, entre tantas niñas fue un reto, por ser ¨diferente¨.

Los años seguían pasando y K, algunas veces distante, se fue mostrando y luchando contra todos, hasta contra ella misma por ser vista. Desarrollarse como mujer, damita bella y segura, igual fue frenado por sentirse fea, sin oportunidad y lejos de parecerse a sus hermanas.

En edades tempranas es donde la identidad juega un papel determinante, porque algunos desvíos emocionales muestran baja autoestima y la mochila cargada de disfunciones, que ocupan espacios significativos en su forma de pensar. De allí, tratar comunicarse o interrelacionarse, le alejaban más de las personas. Esa niña ausente pasó de invisible a ser rebelde, contradictoria y un enigma para todos los que le trataban. Tosca, brusca y sin filtros al momento de expresarse.

Estar en su ¨burbuja¨ creó una rutina de acciones dirigidas a vivir un día a la vez, sin estorbos o interacciones que al final sólo resultaban dañinas o más frustrantes.

Recuerdo lo divertido de jugar con la ¨vecina¨ que era tan simpática, bueno ella siempre tenía temas, y al compartir era con ¨amiga imaginaria¨ era con la única persona que lograba conectar.

Yo: Pues sí vecina, esta niña vomitó todo el día (la muñeca), y ya ni sé que más darle. ¿Sabe de algo que le ayude?

La ¨Vecina¨: Vecina usted necesita llevarla al médico. Y continúa, le dió el té de anís, pueden ser cólicos.

Largas conversaciones y ¨dos amigas inseparables¨.

Jugar no era problema, molestaba a los demás que ella podía jugar sola por horas… de ahí llega el término la ¨entruñada¨ o enredada de la familia, como otras etiquetas más. Sus limitaciones para comunicarse y los sellos validados por ella, le evitaban conectara adecuadamente en su entorno.

Para sorpresa de todos, esa niña de repente, (con 4 años) logra participar en un concurso infantil para actividades intercolegiales, estaba feliz, esto le llenó de muchas emociones. La invitación del colegio le permitió cantar y mostrar la voz que tanto quería desarrollar, en un programa infantil de televisión nacional. ¡Increíble!, cantar en televisión para un público local, pero con un alcance desde su mundo interior hacia el exterior inmenso. Ese momento le dió a su imaginación más que 5 minutos de fama, también una ruta hacia donde deseaba caminar.

Encontró un talento en ella, y como meta, ya tenía idea clara de la cantante que quería llegar a ser. Entre muchas otras metas.

Quería cantar y ser artista internacional, porque podía tener voz al cantar, y le hacía sentir libertad, sin dudas, enfocada.

Esto implica, que luego de tanto encierro, si no hemos entendido para lo que estamos capacitados, nuestras competencias, que vienen del Señor, no podrán responder efectivamente a las situaciones que se presentan.

Nuestros dones, talentos, confianza y habilidades deben estar cimentadas en Jesús, para que estemos dispuestos y comprometidos a vivir, conforme al ministerio y obediencia debida, para ser testimonio donde quiera que estemos.

Engañosa es la gracia, y vana la hermosura;
La mujer que teme a Jehová, ésa será alabada.

Proverbios 31:30

Ejercicios de Autoevaluación:
Capítulo 6: La Niña.

Aunque el capítulo trata a una niña, dama o mujer en (mi historia), entendí prudente hacer los ejercicios abiertos para que puedan ser de utilidad para todos.

¿Ha sentido frustración por falta de identidad real?

Si ____ No____ ¿Por qué? _________________________________

____

____

¿Qué ha sentido acerca de qué es, o cómo es su identidad?

____

____

____

¿Cuáles son las informaciones escuchadas sobre su persona e identidad, en las reuniones familiares?

____

____

____

¿Entiende que el Rechazo puede ligarse íntimamente a los trastornos de identidad? Si ________ No ________

¿Por qué? ____

____

____

¿La identidad es el conjunto de rasgos o características de una persona, o cosa que permiten distinguirla de otras en un conjunto? Si ________ No _________ ¿Por qué?

____

¿La sexualidad es la condición orgánica que distingue a los machos de las hembras? Si ______ No ______ ¿Por qué?

____

____

¿Si hubieses crecido en un ambiente distinto, ¿cree que habría sido una persona diferente? Si ____ No ____
¿Por qué? _______________________________________
____

¿Si recibió etiquetas o nombres diversos, cree esto influye en su identidad? Si ____ No ____
¿Por qué? _______________________________________
____

¿Cree usted que su apariencia es una representación justa del "verdadero yo"? Si ______ No _____ ¿Por qué?
____
____
____
____
____
____

Todo bebe al nacer necesita: Cuidados, Abrazos, Sentir Seguridad, Protección, Aceptación, y el Amor de Madre que Calma, Conforta, Alivia y Sana cualquier Herida.

78

Libre
Capítulo 7

Cuando la vida está vuelta un caos, es casi imposible lograr equilibrar la mente, pensamientos, proyectos.

Una vida desequilibrada no nace, se construye con el paquete entregado y aprendido por años. Por esto, la libertad que se tiene es como una prisión interna, puede aislar más a quienes por traumas o eventos, viven en su realidad virtual.

Recuerdo ser parte de burlas y ataques, muy normales en hogares jocosos. En mi caso, se volvió problema imperante para mi forma de pensar. No es cuántos sellos tienes, o cuáles te marcaron más.

El desequilibrio puede atacarte mientras le permites controlarte. Necesité ver más allá de la realidad pasada y presente. Ser libre o sentirme atada no estaba afuera, estaba en mi interior.

En los registros personales ya existen palabras, eventos y muchas de los sellos que por desconocimiento muchas personas auto etiquetadas ya han aceptado. Si le preguntas, su respuesta es incompleta, basada en una historia incomprensible o, en el mejor de los casos, ni lo recuerda.

Aprender o escuchar de nuestra historia ofrece oportunidad a ideas aclaradas y conceptos con letras específicas para definir sentimientos o emociones, cargados durante tantos años.

No por sentir hay desequilibrio en la historia, se debe vivir desequilibrado. Ni menos, por creer todo está el orden, ese orden es real.

Cada día debemos revisar nuestro expediente personal.

El resultado siempre dependerá de la actitud y la ruta hacia donde dirigimos nuestros pasos. Seguir aceptando estamos mal hasta sanar, o con esos malestares construir nuevo camino al equilibrio, para regular las hormonas de bienestar y felicidad.

Ya sabía que quería cantar, y además lo emocionante de cantar sin ¨Gaguear o sentirme media lengua¨. Era una sensación que deseaba explorar y abrazar, por la esperanza de cambios buenos.

Con el tiempo, las expresiones aumentaron con letras nuevas y descalificadoras. Por esto, lejos de seguir cantando me llenaba de más dudas y temores para expresarme. Cantar era como disfraz. Por no estar sana, me sentía igual. Mi voz sólo era un dardo.

Dentro de los patrones psicológicos, en toda familia hay un ¨PI¨, (paciente identificado) o, como en mi caso, ¨patito feo¨ en la familia. Ese personaje posee el control de las informaciones necesarias para encontrar las respuestas a cada dinámica.

Ese patrón individual o familiar y su comportamiento, los registros errados que por generaciones han etiquetado a un miembro de la familia como ¨problemático¨ o ¨desequilibrado¨, sólo nos gritan cómo está la estructura, afectividad y comunicación.

En psicología, dos más dos nunca serán cuatro, por esto la necesidad de mapas familiares (genograma), y de las actividades repetitivas o diversas, donde se encuentran respuestas a necesidades del individuo. Muchos sienten estar presos.

La ciencia establece patrones, instrumentos, dinámicas y estrategias por niveles o estructuras; para realizar estudios que a grandes escalas logren responder a todo tipo de comportamiento.

En la práctica, todo esquema cambia en **360°**, porque sean o no las mismas necesidades o problemáticas, la forma de abordaje para encontrar respuestas debe ser diferente para cada individuo, en todo; lastimosamente muchos profesionales encasillan al PI, olvidan su importancia y ofertan soluciones individuales.

Los patrones en mi familia eran tan diversos, que, entre la blanquita, la morenita, el varón, la más pequeña y la más rara, ¿quién imagina usted era yo?, las expresiones fueron normalizadas y ya teníamos sobrenombres todos y, al final, guste o no, llegarían lejos con nosotros.

Ser libres internamente suele ser tan difícil, que cuando por fin pensaba lo estaba logrando, inicio una búsqueda de Ese Algo que me Faltaba, comentado en el primer capítulo.

A veces, ser libres en el mundo interior es todo un reto, por llevarnos y traernos desde y hacia nuestro pasado, reviviendo heridas, consecuencias o duelos pendientes.

Con esta pandemia, que inició estimado en marzo 2020, encerrar al mundo en sus hogares o refugios, desorientó y confundió cuáles serían los próximos pasos, dejándonos sin agenda o programa.

Demostró que la libertad no era real, porque estábamos esclavizados por los afanes y, esta pausa extendida hasta hoy, exigía iniciar nuevos programas y rutinas con criterios diversificados, para que la libertad sea desde adentro hacia afuera.

La persona rechazada se siente permanentemente en una prisión, aun cuando ya han desaparecido los personajes iniciales que protagonizaron toda la trama de la historia. Reconocerlo cuesta.

Experimentar libertad bajo la lluvia, al fregar los trastos, cuando se está enfocado en proyectos, o se escuchan canciones favoritas; es una de las primeras fases donde muchos nos escudamos.

La libertad psicológica es más necesaria que la libertad física y, sin embargo, es mucho más difícil de alcanzar.

Si aíslas un animal e inclusive un ser humano, pueden perder facultades vitales de desarrollo, tales como caminar, alimentarse y comunicarse como en el hábitat normal. Autoaislarse es igual.

Según Rollo May (1988), el psicólogo existencialista, la libertad es la capacidad del hombre de tomar parte en su propio desarrollo. Es nuestra capacidad de moldearnos a nosotros mismos. Por tanto, desde nuestra propia libertad construimos nuestro destino.
(El concepto de libertad en Rollo May (1/2) (dialogoexistencial.com)

Para encontrar la libertad, es necesario explorar fortalezas, habilidades, talentos, procesos cognitivos e historias virtuales. Sumados a este paquete, si la persona tiene un plan de vida, un presupuesto financiero y emocional bien estructurado. Los resultados descansan en mejores cimientos.

La libertad depende más de la forma en que aprendemos y construimos nuestras vidas. Cualquier área incompleta o disfuncional eliminará el sentimiento de libertad, o las condiciones internas y externos para sentir paz. Porque ser libre implica PAZ.

Así que, si el Hijo os Libertare,
Seréis Verdaderamente libres.

Juan 8:36

Ejercicios de Autoevaluación:
Capítulo 7: Libre.

La libertad es:

____
____
____

Ser Libre es:

____
____
____

¿Se ha sentido preso, sin estar en jaulas o encierros?

____
____
____

¿Existe en su familia libertad de expresión, religión o preferencias a ciertas diferencias o esquemas relacionados con decisiones, hacia lo deseado por encima de lo esperado? Si______ No______

____
____
____

¿Es usted religioso/espiritual? _______________________

____
____¿
Le importa su raza/su etnia?

____
____
____

La libertad transmite paz, gratitud, amor, gozo.

La Estrategia
Capítulo 8

Educar a Los Hijos es Tarea de Adultos.

Cuando la educación se torna permisiva o tibia las cosas pueden salirse de control. En el hogar de Las Ferrand, la disciplina imperaba por parte del Sr. Chichi, quien, con su abnegado colaborador y cómplice, la profesora Angela, formaron un equipo tipo muralla; como esa que bordeada la ciudad intramuros donde vivimos por muchos años.

Recuerdo un día, mi forma era muy exigente (aunque no parecía), no gustaba de nada para alimentarme e ignoraba muchos de los hábitos del hogar en muchos aspectos de la nutrición. Esto sin contar que, si lo comía era un problema, y no lo comía era peor... O sea, igual ya venía con dificultades estomacales.

Un día, por estar de golosa, preparan unas habichuelas con dulce, (siempre estaba pendiente de los platos conocidos hoy como postres, en mi época eso era comida y ya), mi madre preparaba grandes cantidades para agradar a sus vecinos y amistades con una porción. Sin embargo, el restante de la casa se dividía en porciones para que cada uno disfrutara su parte.

Ese día, en la mesa, me vi tan interesada en comer todo lo que encontraba de este suculento plato, que mi padre, entendió era el mejor momento de enseñarme lo dañino de comer sin medidas. A pesar de no acostumbraba los excesos o estar pendiente de los alimentos, ese día mostré desenfreno en comer hasta que el cuerpo dijera basta. La mejor parte no fue comer cantidades para mi deleite, era pensar que mi papá estaba colaborando para conseguir las porciones de los demás, y hasta lo que algunos luego de probar tirarían. Esa no era yo, pero estaba complacida por mi cómplice.

La estrategia fue exitosa, jamás de los jamás al comer fue excesivo. Quienes no conocen la historia con mi padre, bueno, es un testimonio de arrebato y maltrato. Y ni si quiera se sabe quién maltrató más.

Para fines de preadolescencia ya tenía a mi padre de protagonista, en una historia donde participaba con muchos roles. Al parecer no me conformé con confrontar o ser rebelde, tenía mis sentidos concentrados en sacar el malo de la casa.

Un día, lo veo de camino a la casa con personas no muy del gusto de mi madre; mi madre realmente era muy cuidadosa con las amistades y aún nos habla de cuidar a quien tenemos como amistades o relacionados. El fin es que, ese personaje ya había sido descartado de la lista de ¨favoritos en la familia¨ y veo a mi padre con el personaje muy ameno y cerca de la casa. Justo el momento esperado, me quedo cerca, escucho un poco y luego voy rápidamente a contar lo visto a mi madre. ¡Error 78!

Al llegar donde ella, me calmo y no inicio hasta no estar más tranquila (Créanme que corrí a ¨millón¨), y al ver mi madre en la cocina inicio mi historia sin muchos argumentos y le suelto todo sin anestesia. Y zasss, me tira a matar, o por lo menos me congeló su respuesta.

Mi madre siempre lo supo y, sin voltear, me dice: ¿Crees no sé los pasos de tu padre?, Yo sé más de él que el mismo, sin investigar afuera. Eso no es asunto tuyo, no vuelvas a traerme información que yo no pida, y menos si se trata de algo que no te compete, y puede dañar a tu papá, y a la familia. ¿Me entendiste?

De veras no entendí nada, e igual quedé tan confundida, que les aseguro no fue el texto que mi madre dijo; sin embargo, esa es la traducción del mensaje recibido.

No parece ser estrategia, pero igual si me enseñó a ser diferente, a no entrometerme, a que pase lo que pase no es asunto mío, cuando se trata de otras personas. Y que cada uno debe pelear sus propias batallas. ¡Pero no sería el final para atacar a Chichí! 😭

Los pensamientos son frustrados donde no hay consejo;
Mas en la multitud de consejeros se afirman.
Proverbios 15:22

Ejercicios de Autoevaluación:
Capítulo 8: La Estrategia.

¿Qué es una estrategia familiar o individual aprendida o recordada? Castigos, festejos para animar, premios, sanciones.

____

____

¿Su historia familiar necesitó asistencia o estrategias profesionales para solucionar conflictos? Si _____ No _____

____

____

¿Cuáles estrategias recuerda en su familia, para interrelacionarse, existiendo emociones intrusas o dañadas, y la salud mental del hogar necesitó oxígeno o cirugía urgente?

____

____

Enumere estrategias usadas, como apoyo o necesidad para mantener equilibrio dentro y hacia cada miembro del hogar.

____

____

¿Cuáles formas usadas como estrategia recuerda, para soluciones de conflictos o maltratos, fueron efectivas?

____

____

¿Recuerda momentos de maltratado por descalificación o sentimientos de rechazo o burla? Si _______ No_______

____

____

____

La mejor estrategia para cada día es,
no vivir con estrategias, se vive con gratitud.

La Cruz
Capítulo 9

Creer que con Amor y Perdón se logra sanar una historia, una herida, duelo, trauma e incluso hasta intentos de terminar con vidas ajenas o propia, sólo en el corazón que habita Jesús puede entenderse y lograr resultados exitosos.

Hablar de amor y perdón como dosis perfecta para curar y sanar el rechazo, está íntimamente ligado al momento de la cruz. Al nacimiento, vida y muerte de Jesús.

Este capítulo determinó muchas respuestas de mi vida. La Cruz.

El rechazo histórico con más rabia, agresión y público fue hacia Jesús, por las personas no aceptar es luz del mundo, el mismo Dios encarnado, el camino a la verdad y la puerta abierta hacia la salvación. Por esto las generaciones van en un peregrinaje de dolores, muertes y devastaciones interminables, y aún a oscuras.

Jesús no fue rechazado al nacer, no tuvo una vida de grandes tormentos regulares de un humano. El desde niño sabía cuál era su propósito de vida, y vivió cada día para cumplir uno por uno los ya señalados en la Voluntad Divina. Como niño, no imagino la forma de jugar, sus preguntas ingenuas hacia temas o inquietudes; y ni si quiera estar entre sus grupos en competencias o juegos regulares de un niño. Yo le escrito muchas cartas a Jesús. ¿Le has escrito tu?

Los primeros años de Jesús fueron un reto para sus padres, porque sin importar las miradas o murmuraciones, cuidaron de él en todo y de todos, protegieron su vida.

Sin embargo, las preguntas no terminan: ¿Qué comía Jesús?, ¿cuántas horas dedicaba a la familia? ¿cuál era en realidad la familia de Jesús entre primos y tíos? ¿Cómo festejaban sus cumpleaños?

Tanto en el Edén como en el caminar de Jesús, podemos ilustrar claramente que la vida tiene un orden, y no se trata de afanar o conquistar nada. Es vivir dando un testimonio de vida, y evitando ser piedra de tropiezo.

Él mismo, en su cuerpo, llevó al madero nuestros pecados, para que muramos al pecado y vivamos para la justicia. Por sus heridas ustedes han sido sanados.
1 Pedro 2:24

Cuando nos nutrimos, debemos cuidar de no ser ambiciosos con nuestros deseos, al igual que al leer, descansar o hacer cualquier actividad, porque tampoco se trata de vivir afanados ni desentendidos.

El afán se muestra de muchas formas. hay personas que se afanan para no hacer nada, otras que viven haciendo cosas afanosas... y otras que se afanan en la iglesia para hacerlo todo bien, o porque todo pueda desarrollarse mega bien. Es sano cuidar nuestro desempeño diario.

Vivir conforme a las horas del día, y a las rutinas que deben ser establecidas, reorganiza el caos, ofertando testimonio de bendición para otros. En casa y la iglesia más.

Jesús se movió a tantos lugares que, a veces pienso si cambió tanto de silla, cama, cubierto o de ropa como nos pasa a algunos terrícolas. Humanamente a quién extrañaría más estando lejos: ¿su madre? ¿a sus seguidores? ¿tener una vida ¨normal¨?

Jesús no tuvo mujer, ni hijos, porque sabía todos seríamos hermanos y coherederos del trono con Él. No escatimó para dar sin recibir a cambio.

Jesús vino a promover a llevar las buenas nuevas, de Su Padre que está en los cielos, y del plan de salvación, por el cual caminaba entre nosotros.

La cruz me hizo reflexionar: ¿somos tan promotores de las bondades de nuestros padres? ¿Sentimos tanto lo valioso que son nuestros padres como para promoverlos tanto como Jesús?

Nuestras heridas y pecados fueron dejados en la cruz.

Entender el pasaje de Lucas 10:16, oxigenó mis ideas. A partir de ese momento, mis tormentos y frustraciones desaparecieron.

La bondad y el caminar de Jesús, desmantelan toda historia rota. Porque podemos ser heridos, pero dependerá de nosotros y nuestra actitud, ser abanderados del Amor y Perdón recibidos.

Ser cristino es un estilo de vida, que inicia cuando te abrazas a la Cruz, conectas con Jesús, y entiendes que termina en lo terrenal cuando llegamos a nuestra morada eterna y celestial.

Nuestra historia, desvinculada de la Cruz está incompleta. Fuimos creados para un Propósito Eterno, y en Tiempo Divino se cumplirá. Porque Dios conoce nuestros corazones, sabe enfermedades, tormentos, heridas, engaños, dolor. Sabe todo.

Despierta, la FE sin obras es muerta. Vive, agradece, abraza, acciona el amor recibido.

Cuando allá se pase lista, quiero estar y decir presente. ¿Y tú?

La cruz nos enseña más de lo que hemos escuchado y aprendido, busca en La Cruz respuestas. Sé que las encontrarás.

Puestos los ojos en Jesús, el autor y consumador de la fe,
el cual por el gozo puesto delante de él sufrió la cruz,
menospreciando el oprobio,
y se sentó a la diestra del trono de Dios.
Hebreos 12:2

Ejercicios de Autoevaluación:
Capítulo 9: La Cruz.

¿Qué significa una cruz en la familia?

____

____

¿Qué usted cree une la cruz, con el ser humano y lo Divino?

____

____

Hable de la relación entre la cruz y el rechazo, en su familia.

____

____

¿Ha escuchado la diferencia entre cargar tu cruz y vivir para no tener que cargas más esa cruz?

____

____

¿Has visto la cruz que cargan sus familiares, amigos o relacionados, y en algún momento ha tratado de ayudarles a encontrar soluciones? Si _______   No_______

____

____

¿El amor y el perdón lo percibe en la cruz?

____

____

¿Ha cargado con cruz ajena sin saberlo o a voluntad?

____

____

No llegamos al mundo con cruz a cuesta, llegamos bendecidos.
La cruz se forma luego, por nuestras actitudes y decisiones.

Lo Virtual

Capítulo 10

¿Qué es lo virtual en la vida de un ser humano?

Pierre Lévy afirma que los diferentes tipos de inteligencia se reúnen en la red virtual para formar un movimiento en el que el cuerpo queda en un segundo plano. Representa la mente, los pensamientos, la forma en percibir cada persona, evento o proceso. https://diogeneshoy.com/humanidades-digitales/que-es-lo-virtual/

La expansión de la informática y la democratización de las redes virtuales, la web e Internet, vienen construyendo una nueva manera de pensar. Esa es la propuesta de Carles Monereo, doctor en Psicología y profesor de la Universidad Autónoma de Barcelona.

La mente es tan poderosa que puede magnificar o subestimar toda información recibida. La persona que rechaza o se siente rechazada en su forma de pensar ya tiene una realidad creada.

El rechazo como hemos visto es como una herida profunda que, físicamente no sangra, suele sentirse como si la piel ha sido cortada, y en tu ser algo está roto en pedazos. Además, parece ser virtual el rechazo, esa historia contada que por años llena de tristeza y padecimientos en cadena, ya que pueden atraer eventos posteriores, similares o superiores a los ya sufridos.

¿Ahora entiendes el punto de lo virtual y su relación con el rechazo?

Lo virtual en nuestra historia, es cada proceso de pensamientos o ideas propias o ajenas, contadas creída como real, que cobran estilo y personajes, donde me auto boicoteo o me acompaño.

No es que tú no eres o vas a ser rechazado, es que tu mente te lleva a organizar piezas distorsionadas para armar la historia por tanto tiempo contada, la cual en mayoría de los casos no es real. Sólo tomó el lugar recibido y se desarrolló con todas tus energías un personaje digno de pena, de ser compadecido o de acompañar, disfrazando la trama de la verdadera cara de la historia.

En otro orden, se encuentran también los personajes responsables o culpables de toda la ¨película¨. Esos que, con el ticket ganador, lograron el protagonismo de mi historia, para tener a quien señalar o acorralar con mis letras decretadas de heridas y dolor. ¡Error 39!

Penosamente, mi papá obtuvo muchos papeles estelares.

La realidad virtual existe en el ser humano desde su creación, hoy sólo existen prototipos que demuestran cómo funciona o puede funcionar el cerebro, producto de los registros e informaciones acumuladas. Pienso en lo virtual, como nuestro cerebro digital.

Nuestra mente está a la entera disposición de colaborar, si nosotros la controlamos. Si no podemos controlarla, entonces debemos volver al inicio del problema, a los detalles de la historia. Donde inició la herida, o donde los esquemas malinterpretados no encontraron un traductor que organizara la ¨sopa de letras¨.

Lo virtual, es un esquema de registros que responden a las características propias de cada individuo, grupo, cultura, familia o sociedad. Digo esto por aquello de: ¨no conoces al individuo hasta convivir con el¨. Y, aun así, la respuesta queda limitada.

La mente no convive en cabeza ajena; y es justo allí donde están concentradas todas las categorías del pensamiento, de los sistemas que los procesan, y de la forma en organizar toda una historia, coherente o no, para mostrarla al mundo exterior.

¿Te enredaste?

El rechazo no es heredado, inicia y evoluciona en la persona. Se posiciona en cada rincón de sus habilidades y la descompensa hasta donde se le permite.

Se puede nacer siendo rechazado, pero ese sentimiento no nace contigo, se desarrolla en ti o debuta en algún momento, o con algún evento sorpresivo. El rechazo antes de nacer no se percibe.

No hay escapatorias para el rechazo, pero sí actitud para responder diferente, ante lo que me hace sentir y lo que debo sentir.

Por esto, recuerda:

1. No es personal, quien te hiere o rechaza, ya antes fue herido o rechazado; o ambas. Su forma no cambiará con palabras, ni traerás sanidad por suplir necesidades, o acompañarlo a desahogarse cada día.
2. Piensa en limpio, cada persona tiene la libertad de pensar, en ti está la responsabilidad de controlar tus pensamientos, e ignorar los ajenos. Cada situación que te llega te trae una enseñanza, que, si no estás atento, se perderá entre tus distracciones y la facilidad de hospedar las heridas. Tus pensamientos son tu peor enemigo virtual y los que te mantendrán atado o te harán libre.
3. Cuenta tu historia con verdaderas letras de bendición. Al hablar, desmantela el muñeco armado con tantas piezas rotas. Muchas ni si quiera encajan en el conjunto, pero te enfocas más en creerte la historia, que no es necesario que nadie más la crea. Cambiar las letras es un proceso de aceptación, valentía, agradecimiento, amor y perdón.
4. Cada persona tiene su propia historia, no desea que le cambies ni una coma, y muchas veces viene a mirar, no a ser mirado o cuestionado.

5. El amor es inalterable, no juzga, no maltrata, no abandona, no se limita, llena de gozo y paz donde está bien alimentado. Nutre tu vida con personas que brindan un jugo de amor, paz y gozo, batido en una taza de agradecimiento. Porque El amor de Dios es más que sentimientos, es entrega, sacrificio, dedicación, perdón, corrección, etc. Es accionar todos los verbos en bienestar interna y externamente. Alimentarnos.

6. Que al abrir tus ojos te vistas de paz y del amor, que todo lo ve con ojos de bondad. Piensa en limpio, creando un rincón donde, en tu mente, todos los ruidos, personas o elementos tóxicos sean depositados. ¡Despídelos, Sácalos Fuera!

[24] si un reino está dividido contra sí mismo, tal reino no puede permanecer.
[25] y si una casa está dividida contra sí misma, tal casa no puede permanecer.
[26] y si Satanás se levanta contra sí mismo, y se divide,
no puede permanecer, sino que ha llegado su fin.

Marcos 3:24-26

Este versículo de Marcos nos relata como es una realidad virtual, de las guerras internas y espirituales que cada persona puede vivir o reflejar, en muchos casos, es justo la verdadera cara de sus padecimientos.

La batalla interna es como un reino dividido entre:

Como Deseo Vivir Vs. Como Debo Vivir.

Sin restarle la importancia, El internet, ha llegado a una sociedad que no estaba preparada para sacar sus bondades y facilidades.

Muchas personas han aprendido a comunicar sus sentimientos sin mostrar sus rostros o sus complejos. Las letras tras una pantalla de computadora le proveen cierta seguridad y comodidad para interactuar, siendo promotores de falsos perfiles.

La persona rechazada no se escapa de esta modalidad, la forma en que el internet puede ser de ayuda, enmascara una serie de disfuncionalidades que el individuo supuestamente puede controlar y disfrazar. Siendo esta otra forma virtual de pensar.

La Verdad Tarde o Temprano Siempre Sale a La Luz.

Proteger esa información que, como producto del temor al rechazo, le permite entregar el mundo virtual que existe en su mente de forma efectiva, y ser aceptada por el receptor y validada.

¿Le parece exagerado? Sabemos puede ser hasta peor.

Lo virtual en una mente descompensada o con registros dolorosos que sólo envían mensajes repletos de emociones disfuncionales, como voz de auxilio, no siempre son escuchadas y con el tiempo se vuelven un trastorno severo, dañando su persona y a la confianza en los demás.

Lo virtual en una mente dañada crea un conjunto de episodios que funcionen o no, forman una dinámica de vida manipuladora, controladora, obsesiva y en todos los aspectos detona en un trastorno degenerativo si no es identificado o tratado con las estrategias apropiadas por profesionales sanos.

En el niño, la atención, el sonido y el movimiento son los esquemas iniciales para conectar con el mundo exterior. Es el vínculo que en la corteza prefrontal, ayuda al bebé con sus episodias de aprendizaje y manejo de la voluntad.

Einstein habló de: que no debemos perder la capacidad de aprender, de asombro y de curiosidad.

En lo virtual, lastimosamente, quienes crearon estructuras y redes sociales virtuales, captaron justo estos tres elementos. Porque el niño frente a un dispositivo sin supervisión puede volverse adicto. De allí los programas que llaman la atención total, con movimientos y sonidos. ¿Y esto que tiene que ver?

Muchos niños al sentirse rechazados van y vienen desde su burbuja, y en cada viaje pierden interés en el equilibrio familiar. Se concentran en sus programas y las actividades preferidas.

Las redes sociales no son un peligro a la sociedad, el peligro está en cómo ha ido ofertando oportunidades y creatividad en una humanidad que ha encontrado en ella escape, seguridad y el valor de aceptación (con o sin mentiras) que permite lo virtual.

En lo virtual, las redes sociales colocan a la persona en cualquier parte del mundo. Le hacen creerse su propia serie, la guarda en sus ideas y le permite manifestarse tal y cual exige la sociedad en la que se desenvuelve.

Por esto cuidarnos es importante, porque el cerebro recuerda las acciones, y el rechazo es un proceso adictivo que igual circula en nuestra historia, nos trae informaciones o nos confronta cada cierto tiempo. Cerrar oportunidad a este mal uso del recuerdo.

Debemos controlar nuestra voluntad, no dejarnos controlar por nuestra historia, pasado o ruidos internos o externos.

Recuerdo mi primer WhatsApp: En mi pupitre escolar por allá por los ´80, un día veo un mensaje: Hola, quien se siente en este lugar favor de buscar un mensaje debajo. Waooo era increíble recibir un papel con letras ajenas. Emocionada leí y compartí con mis compañeras la información. Estudié en el Instituto de Señoritas Salomé Ureña, donde aprendí, lloré, disfruté y logré salir como muchas de nosotras llenas de sueños. Bueno, perdón, fue sólo un paréntesis. El escrito de un joven vespertino nos mantuvo intercambiando mensajes. Ese fue mi primer mensaje de ¨tu a tu sin vernos¨.

Para mí era fácil hacer amistades por cartas, de hecho, tenía muchas amistades. En nuestra época muchas revistas compartían direcciones internacionales para que las personas se conectaran. Yo lo hice y por mucho tiempo recibí cartas, postales, regalos, invitaciones. En fin, con el tiempo terminó el recibir o enviar con ese lindo recuerdo.

Recuerdas como eran nuestras redes sociales: los juegos de mesa, las competencias con pelotas, chatos, bolitas, la plaquita, el ¨matao¨, la botellita, los cuentos luego de caer la tarde; las chichiguas, los ¨maroteos¨. Divertirse fue siempre actividades o hobbies. La vida era tan emocionante que llegábamos a la casa agotado al jugar, o sucios y felices.

Por esto, las personas acomplejadas no eran descalificadas a menos que ellas mismas ya lo sintieran. El momento del juego integraba a quien deseaba jugar. ¡Claro! Aparecían los que se burlaban o ponían nombres a sus compañeros. La crueldad entre jóvenes y adultos no es actual. Sin embargo, cada personaje dejaba claro como estaba su familia, y si los valores en su hogar aceptaban o no a toda persona.

Toda persona que se disfraza constantemente, de alguna forma se rechaza a si misma o no se siente cómoda con lo que le proyecta el espejo. Si embargo, somos criaturas: única, valiosa y amada en las manos de Dios.

"¡No temas!" Es el mandato más repetido en la Biblia. De hecho, se ha dicho que hay 365 "no temas" en la Biblia, ¡un "No temas" para todos los días del año! Источник: https://diocesisdematagalpa.org/biblia/cuantas-veces-se-usa-la-palabra-amor-en-la-biblia.html

Y esto acontece, porque nuestro temor muchas veces viene más de lo virtual que de lo real. Estamos sumergidos en formato de sentimientos de abandono, auto rechazo, auto descalificación; y por seguir creyendo la misma historia, sin realizar cambios en nuestros pensamientos y actitud.

En tiempos de pandemia, mi vida creó esquemas para superar mis propias expectativas. Conceder grados de confianza a mis proyectos, sin perder la realidad de cómo debe ser, y por qué.

Las personas tienen sus propios tabúes, estilos y conclusiones. Ser diligentes de la humildad, es la manera en que aprenderemos cada día hasta de experiencias ajenas.

Los modelos existentes, si no han sido efectivos, deben ser sustituidos.

Las dificultades para relacionarme, si no han sido superadas, buscar ayuda de profesionales, promete vías hacia la sanidad.

Cuando iniciaron los conceptos tecnológicos, desde los primeros pasos se tratan de copiar el funcionamiento humano. Sin embargo, quiero recuerdes:

El hierro se afila con el hierro,
y el hombre en el trato con el hombre.

Proverbios 27:17

Ejercicios de Autoevaluación:
Capítulo 10: Lo Virtual.

¿Sabía usted que su cerebro puede crear historias virtuales divorciadas de la realidad, por le rechazo? Si _____ No _____

¿Puede identificar y hablar sobre su realidad virtual?

____

____

____

¿Cuáles son los pensamientos recurrentes que alteran su paz?

____

____

____

¿Quién controla el cerebro? ¿Sabe usted controlarse?

____

____

____

¿Cómo se puede controlar todo cuanto nos acontece?

____

____

____

¿Cuál es su historia virtual que, siendo honesto, no nos has contado?

____

____

____

¿Utiliza redes sociales antes del internet o después?

____

____

____

¿Recuerda una o más personas que han impactado su vida?

____

____

Con el pasar de los tiempos, sentiremos menos
capacidad de almacenamiento.
Que los registros pasados, algunos fueron borrados,
sin notarlo, ni intencional.
Que sus cambios incluyen: amistades, alimentos, actividades y
tareas diarias, y la forma de disfrutar o crear ahora es limitada.
Es normal, somos diferente a una computadora,
el cerebro no es una máquina externa,
y perderemos capacidades que humanamente
nadie puede mantener, aunque se reinicie varias veces.
Aceptar la realidad, de que lo virtual solo está en nuestra
cabeza, y afuera, no en tu cuerpo o naturaleza,
nos aterriza a valorar nuestra humanidad.

Eres Único E Irremplazable.

La Psicología
Capítulo 11

La Psicología, como ciencia de la salud mental en busca de ayudar a quienes muestran patrones disfuncionales, ha creado estrategias para el manejo de conducta, autoestima, comunicación eficaz y las estructuras que pueden funcionar en la dinámica individual o de grupo.

Amor y Perdón como estrategia para liberar a la persona de sentir rechazo o auto rechazarse, no funcionan como varita mágica, ni le muestra la mejor forma de sanar. Todo tratamiento hacia la sanidad es un proceso que inicia con aceptación de que hay una necesidad, la voluntad de caminar para sanar, y el compromiso de permanecer día a día buscando estar equilibrado.

Por esto la insistencia en que la persona debe buscar sentirse bien consigo misma, desear ser libre de heridas o cargas, y soltar el pasado con todo lo que éste le ha mantenido atado. Sin embargo, en muchas personas, se ha confundido el que ¨debes sentirte bien contigo mismo y soltar¨.

El término explica contigo mismo, no con lo que tu quieres que sea tu realidad, y soltar tu propio yo que te persigue, no la realidad que vives y quieres ocultar. Porque lastimosamente, la identidad ha pasado de ser un tema de valor, a ser un tema de derecho legal. Pero este es otro tema.

El rechazo ha calado tanto en todos los grupos y las necesidades, que todo lo que la sociedad intentó mantener como valor y virtud, hoy es un esquema disfuncional o dañado. No, no es el tema que viene a colación, es una pincelada de una próxima entrega.

La psicología para el rechazo ha sido un proceso de grandes investigaciones, y van de la mano con la aceptación, el amor propio, el perdón, el manejo del rechazo y auto rechazo diariamente, el auto concepto, la auto percepción, y los procesos internos confrontados en un individuo. Quien es rechazado aprendió a rechazar, y por esto, defenderse o buscar aceptación priman en la necesidad de actuar, como si necesitara protegerse o simplemente no ser visto mal. El rechazo, como daño hacia el yo, logra establecer los niveles de aceptación y necesidad en el individuo que le atrapa hasta crear un circuito emocional que sólo conecta con las personas o los eventos deseados. Mantiene al individuo buscando o persiguiendo a las personas que le certifican.

Cuando la persona logra conectarse consigo misma se alivian muchas de las cargas emocionales más pesadas, inicia el proceso de reconocimiento y aceptación, logra valorarse, respetarse y amar su vida con todas sus piezas rotas, e inicia su camino de paz interior. Esto es como un ¨reseteo cerebral¨, las reorganiza para funcionar.

En psicología 2+2 nunca son 4. Aun en las mismas situaciones, los mismos grupos familiares o sociedades, cada individuo es impactado de forma diferente; por esto, lo que me afecto no necesariamente afecta a mis hermanos. Sin embargo, por esta diferencia quizás ellos no necesiten la ayuda profesional y en mi caso yo no sólo la necesite, luche con mi propio yo negándome a recibirla hasta entender la importancia de ayuda para mi salud.

La psicología no es para ¨locos¨, de hecho, el término loco basa su origen en trastornos. Una de las teorías que toman en cuenta la relación fonética y semántica de la palabra arriesga el origen de la palabra en el latín ¨elucus¨ que significa somnoliento, insomnio, amigo de la luna, lunático. El loco dejó de ser considerado una enfermedad mental a finales del siglo pasado.1

La mente humana tiene un cerebro que como matriz de los procesos emocionales y funcionales, requiere un taller con técnicos especializados para repararlo cuando éste se daña o está defectuoso. No existe ningún médico especialista para arreglar el pensamiento u organizar la organización descontrolada del cerebro. Por esto, los profesionales de salud mental están especializados cubren diversas áreas. No necesitas creerlo o estar de acuerdo, sólo recibir una información que puede cambiar muchas vidas.

[1] https://www.bing.com/search?q=%C2%A8loco+origen+y+significado%C2%A8&qs=n&form=QBRE&sp=-1&pq=%C2%A8loco+origen+y+significado%C2%A8&sc=0-27&sk=&cvid=A1B9B3ED52C24F5FB13B56A06F8A5D11

La observación, los vínculos y la comunicación favorecen las conexiones saludables entre usted y el profesional, y les guía a resultados efectivos. Todos necesitamos ayuda.

Sus alertas de primeros auxilios emocionales inician al reconocer su malestar, y desear acompañamiento. ¡Actúe hoy!

Y conoceréis la verdad, y la verdad os hará libres.

Juan 8:32

Ejercicios de Autoevaluación:
Capítulo 11: La Psicología.

¿Cómo define su familia a un psicólogo? ¿Por qué?

____

____

¿Han sido utilizados servicios psicológicos en su familia?

____

____

¿Existe relación fundamentada entre psicología y rechazo por preferencias en razas, estilos, creencias o culturas diferentes, etc.? En caso afirmativo, ¿cuáles? Si_______   No_______

____

____

¿Cuál es su posición entre sus hermanos? _______________

¿Cuál evento le ha impactado más, para bien o para mal?

____

____

¿Puede hablar de quién le hirió y qué hizo? (No importa el pasado o situación, la historia no se detuvo. Hoy puede narrar letras con un sentir sano y diferente.

____

____

¿Ser imparcial en críticas o juicios es normal en su familia?

____

____

¿Diferencia la verdad?

____

____

No hay mejor psicología, que la experiencia aplicada.

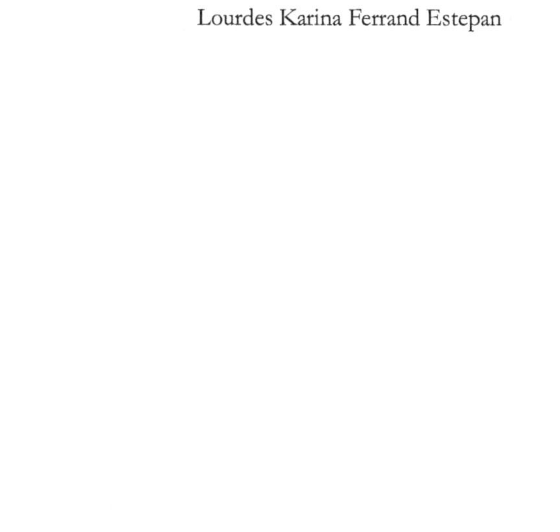

Las Herramientas
Capítulo 12

La persona herida o que se siente rechazada tiene un velo que impide ver el plano físico, todo lo conecta con su yo virtual, y éste ya tiene registros desconfigurados que son los que debemos identificar. Las herramientas justo están en el orden en que existe su desorden virtual. Piensa en tus palabras, pensamientos o escritos. Antes de pensar, hablar o escribir ya tienes una historia.

Por ejemplo:

➢ Si su dificultad está en su auto percepción, pues la herramienta debe utilizarse en base a la forma en qué piensa, funcional o no, de acuerdo con sus registros históricos, y con un profesional calificado, para mostrarle diferentes puntos de vista, desde un mismo objeto o evento.

➢ Si su dificultad está en cómo comunicarse, la herramienta debe buscarse en cómo reparar la comunicación. Tanto al recibir como enviar mensajes, deben estar en orden, si falla uno de los dos o ambos, la comunicación es disfuncional.

➢ Si su dificultad se refiere a las relaciones interpersonales, la herramienta debe construirse y ser utilizada basada a la socialización y patrones aprendidos existentes.

En cada una de las opciones anteriores, el coaching emocional, es una de las mejores herramientas para manejar heridas en general o producidas por sentirse o ser rechazado.

La pregunta regular es: ¿Por qué creen los profesionales que en todo caso, siempre necesitamos ayuda para resolver nuestros conflictos, emocionales o heridas?

Bueno, en mi experiencia, el simple hecho de estar herida por mucho tiempo, ya es evidencia que sola no puedo sanar. ¡Créelo!

Cada herramienta está con los pensamientos, la actitud y cada rutina que construimos, y los profesionales organizan la misma de acuerdo con la necesidad real. A veces la necesidad presentada no es el principal foco del problema a tratar, a veces es un combo.

Pensar en limpio, es una de las mejores formas. Porque no importa el evento, tus pensamientos no los controlarán, tú controlarás cada uno de ellos, si aprendes cómo, adecuadamente, y dejas de delegar en los demás tus energías y orden mental. Evita ¨bombardeos¨ de palabras insinuantes o tóxicas para que tu nuevo estilo no sea compatible con quienes disfrutan vivir desplomados y arrastrando a todo aquel que se lo permite.

Tu actitud frente a la vida ofrece esperanza a tu yo interior. No te lo tomes personal, el ser herido duele, y el mantener la herida abierta duele aún más. Quien te hiere en muchos de los casos ni lo nota, porque quienes sufren enfermedades emocionales suelen tener rota o nula su comunicación.

La herida llega en ti hasta donde tú le permites llegar, y cuando estamos heridos, una herida más es como un trofeo más a la historia construida, porque llegamos a sentirnos merecedores de todo malo o extraño que nos sucede. ¿Te ha pasado? ¿Lo has sentido? No, no es así. No somos responsables, pero lo aceptamos como normal, y le dejamos pasar a vivir con nosotros.

Este es el momento de:

¡Yo soy así y nadie me va a cambiar! Y se siente orgulloso a veces.

O peor: A mí me toca todo lo malo, ya estoy acostumbrado.

Yo que ayudo tantas personas, y no sé qué hacer con mi vida.

Durante los primeros años de nuestra infancia, desarrollamos patrones mentales que pueden generar creencias falsas, por lo aprendido, o por modelamiento.

Cuando las personas lloramos por no desear ser tocados, invadidos o cuestionados, por lo general, sucede porque sigue viviendo entre escombros emocionales, y siente como muchas grúas de dolor, van y vienen en su interior, llevando y trayendo el dolor de un lado, sin saber qué hacer, ni busca ayuda.

Explorar nuestro interior es muy valioso, nos permite ir y volver a través del velo de enojo, frustración, rabia o infelicidad, que puede caer al momento de aclarar la vista.

Contrario a no tomarlo personal, ahora puede enviar la carga a quien te la dejó o quien te habló mal, para sanear los esquemas.

Entonces esa persona: "no te habló mal", sólo habló mal. ¿Ves la diferencia? Y si habló, no se trata de mí.

Si te miraron mal, es porque la persona miró mal. No se trata de ti. Sal del personaje. 😊

Debes aprender a perder protagonismo en toda actuación o evento externo, el mundo no gira alrededor de ti, y menos cuando se trata de maltratar. Las personas que van por la vida dañando, si ya están dañadas y desconfiadas. Puedes ser tu el dañado.

Si lo identificas es porque en tí hay oportunidad de crear rutinas con amor, formas nuevas de pensar, relacionarte, comunicar y hasta seleccionar personas o actividades sanas para disfrutar.

No necesitas ser enemigo de nadie, igual tampoco andar con personas atrapadas por emociones viciadas de dolor. Con el amor propio, puedes distribuir dosis para toda persona que desee recibirla. No porque es persona sana, debe aceptarte o viceversa.

Esto me hizo analizar desde Lucas 10:16 que: Quien se fue de mí, no se fue de mí. ¡Se fue! Puedes extrañarle un tiempo, pero debes aprender que tú nunca te iras de ti mismo. Si has aprendido a vivir contigo y te gusta, ya ganaste buena dosis. ¿Suena a Trabalenguas?

Me explico, esta es una de las mejores herramientas que adopté:

- **Aprendí que mi amor estaba hacia afuera.** Entonces, debe estar hacia mí, en mí, conmigo. No puedo amar si no me amo a mi primero.
- **Mis intereses en hacer sentir bien a los demás era constante.** Cómo voy a complacer a todos sin chocar con mayoría, y hasta conmigo. Bueno, esto debí redireccionarlo hacia K. Me interesé por proyectos, personas y actividades que me cambiaron la agenda por completo. O sea, interés K.
- **Mis ideas en cómo agradar o hacer algo que guste a los demás.** Este punto es interesante, me concentraba en decir sí a toda solicitud que ocupara mi mente, tiempo y vida. Digo esto, porque a veces olvidamos que decir No también es sano. Tanto estar ocupada por actividades ajenas me hizo creer que eso era lo que me agradaba o hacía sentir bien. Mirar a la Cruz me confrontó. Entendí que vivía una vida ajena.
- **Aprendí a distribuir mi tiempo de modo que nadie, de mi interés, quedé fuera de mi agenda.** El tiempo ocupado para agradar o compartir puede ser productivo, sin embargo, en mi caso estaba lleno de contratiempos, estrés y necesidades de más y más apoyo. Tu tiempo debes decidirlo tu. Yo viví un tiempo que cuando abrí los ojos habían pasado años, y la verdad no estaba tan mal ese tiempo, pero pudo ser más productivo y más hacia la Cruz.

Hoy entiendo, no perdí tiempo, en cada momento aprendí y entendí era pulida, porque seguía distraída y con metas auto boicoteadas. Aprenderlo cuesta, y es necesario para vivir libre.

Esto me llevó a otro listado de preguntas personales:

1. ¿Me amo?
2. ¿A quién dedico mi tiempo?
3. ¿Qué hago para sentirme bien sin ser certificada?
4. ¿Cuántas veces celebro mis triunfos logrados o no?
5. ¿Qué tanto me he valorado?
6. ¿Qué tanto me he cuidado?
7. ¿Cuánto he valorado lo aprendido, donde vivo o he vivido?
   Puedes agregar más preguntas… y contestar éstas más abajo.

¿Puede o tiene respuesta alguna o varias de las preguntas anteriores?____

____
____
____
____
____
____
____
____
____
____

No permitas nadie robe tu paz, tiempo, tu salud mental, ni se apodere del protagonismo de tu vida. ¡Vive tu vida!

¡Eres Único, Valioso y Amado en las manos de Dios!

Y dijo Dios: Hagamos al hombre a nuestra imagen, conforme a nuestra semejanza, y señoree en los peces de la mar, y en las aves de los cielos, y en las bestias, y en toda la tierra, y en todo animal que anda arrastrando sobre la tierra.
Y creó Dios al hombre a su imagen, a imagen de Dios lo creó, varón y hembra los creó.
Génesis 1:26-27

Ejercicios de Autoevaluación:
Capítulo 12: Las Herramientas.

¿Conoce sus fortalezas y talentos? Haga un listado desde tu corazón._______________________________________

____

¿Conoce sus debilidades y temores? Haga un listado desde tu corazón._______________________________________

____

¿Has buscado ayuda profesional, consejería o asesoría en programas de ayuda para tu vida o la de alguna persona?

____

____

¿Cuáles son las áreas que, por herida, entiende usted son más afectadas?______________________________________

____

¿Cuáles rutinas, le agradan, a sabiendas que dedica mucho a los demás?____

____

¿Qué es lo que más le gusta de su persona?

____

¿Qué es lo que menos le agrada de su persona?

____

¿Cómo se valora del 1 al 5, siendo 5 el mejor? 1 2 3 4 5

¿Por qué? ____

Debemos conocer, cuáles son nuestras herramientas,
para lograr sanar y vivir diferentes.

Una pausa, antes de los tres capítulos finales.
¿Puedes compartir cómo te Sientes?

Escriba una historia que cree fue triste, contada por años desde el dolor, y hoy puede ver la otra cara. Por favor, desde otro enfoque y con sus personajes. Sé que puede contarla diferente. ¿Se anima?

La Comunicación
Capítulo 13

La comunicación ha sido el medio directo e indirecto otorgado a todo ser viviente para comunicarse, aunque la inteligencia es al hombre, la comunicación la notamos en la flora y en la fauna. Puede ser notado en la naturaleza porque si observas los detalles, habla de su sentir, de sus tormentos y de cuan alegre o triste puede sentirse. Si bien, parece una ilustración, es el reflejo de cómo podemos estar proyectando nuestra persona.

Cuando una persona es, se siente, o percibe rechazo, su comunicación es un conjunto de símbolos descodificados.

No estamos frente a personas discapacitadas del todo, y tienen un gran potencial, con las herramientas para caminar libres. Sin embargo, necesitan acompañamiento personalizado por detalles históricos o presentes que no identifican.

La comunicación verbal y no verbal, combinadas con lo virtual que se vive cuando se percibe el rechazo, nos cambian las perspectivas. Puede estar rebosando de alegría por lo que vive, y tener cambios de humor repentino, por una frase rota.

En los códigos que utilizamos, los registros pueden estar distorsionados porque nuestras ideas necesitan claridad, esto sucede por falta de auto comunicación. Si no aprende a comunicarse con usted, o a entenderse, difícil es que emita juicios o se exprese de forma correcta con las personas.

En los primeros años de mi vida, recuerdo mi comunicación estaba rota, hablar fue un reto, y el temor a ser corregida o burlada ya limitaba mi deseo de expresarme. Sin embargo, aprendí, esto puede ser normal en familias con esquemas fusionados de comunicación donde los niños interactúan con adultos, o con niños de sus edades mayores o menores.

Cada persona aprende y desarrolla su propia biblioteca de palabras. Yo entendí que hablar era prohibido si se es niño, o que los niños no deben hablar ni estar entre adultos. ¡Error 7!

Por esto, a partir de sentirse cómodo, le invitamos a marcar cuáles de las siguientes frases recuerda o se relaciona con su diccionario de palabras.

Marque, puede seleccionar varias, las expresiones utilizadas en sus rutinas de expresión verbal.

1. Siente falta de fluidez al hablar. _______________________
2. Siente que piensa coherente y expresa distorsionado. _________
3. Siente temor de responder al ser cuestionado. _____________
4. Siente sus ideas rebozar y desea saber organizarlas. _________
5. Siente que las personas no le entienden con claridad. ________
6. Siente que se exige mucho cuando es criticado. ___________
7. Siente que sus relacionados le presionan mucho. __________
8. Siente que necesita ayuda para aprender a comunicarse. ______
9. Se siente ser excluido en las conversaciones familiares. _______
10. Siente deseos de hablar, y prefiere no salir por temor. ________
11. ¿Ha sido diagnosticado con problemas del habla? __________
12. ¿Ha recibido terapias psicológicas recomendadas? __________
13. ¿Tiene algún familiar con dificultades o trastornos? _________
14. ¿Entiende, según sus respuestas, si necesita ayuda o no? ______
15. ¿Quiere recibir ayuda profesional o acompañamiento? _______

La Comunicación Le Conecta Con Su Yo, Y Su Mundo Exterior.

Sea vuestra palabra siempre con gracia, sazonada con sal;
para que sepáis cómo os conviene responder a cada uno.

Colosenses 4:6

Ejercicios de Autoevaluación:
Capítulo 13: La comunicación.

¿Cuáles formas de comunicación usan en su familia?

____

____

¿Cómo usted se comunica en general? Recuerde el listado.

____

____

¿Ha necesitado con frecuencia, reorganizar sus palabras para evitar malentendidos al comunicar algo? Si___ No ___

____

____

¿Cuáles cambios necesita o ha realizado en su diccionario de palabras para tener una comunicación efectiva?

____

____

¿Confunde regularmente el mensaje de las personas?

____

____

¿Cuáles son las palabras más usadas en su rutina de oraciones?

____

____

¿Piensa mucho en Speaker? (Hablar en voz alta al pensar).

____

____

¿Se siente una persona comunicativa, y confunde al hablar?

____

____

____

¿Ha preguntado qué piensan de usted las personas, sobre su forma de expresarse?

____

____

____

¿Quién es el personaje que más le corrige al hablar?

____

____

____

¿Cree en la oportunidad de hacer un inventario de palabras para tirar la basura, dejando sólo lo útil en su diccionario personal? Si se anima, en poco tiempo notará los cambios.

____

____

____

¿Cuáles de los estilos de comunicación usted utiliza?
   Agresivo/ Pasivo / Asertivo.... ¿Por qué? ¿Se lo corrigen?

____

____

____

¿Pide perdón con frecuencia? ¿Suele excusar o excusarse?

____

____

____

Cuando aprendemos a comunicarnos, se evitan, cadenas generacionales
de patrones dañados o rotos en la información.

El Perdón
Capítulo 14

El perdonar es una decisión de valientes, porque perdonar es recordar sin dolor. Y este proceso libera, descarga, promueve nueva ventilación de oxígeno a tu vida espiritual, mental y física.

El rechazo se posiciona como una herida de gran dolor, nos aleja de las ideas sanas y cancela toda puerta hacia los pensamientos limpios o los sentimientos favorables. Es un descontrol tan elevado que perdonar no es la única vía. El perdón es clave como parte del proceso para lograr sanidad y contribuir en tu sanidad. El amor y el perdón siempre van de la mano.

En los procesos para reparar heridas por rechazo o sentimientos de rechazo, el perdón no es considerado de primera mano. La persona por lo general no identifica el rechazo como tal, y sus emociones le llevan a cerrar posibles rutas rápidas hacia perdonar.

Cuando las emociones no se identifican, las expresiones para describirlas no existen en nuestro banco de palabras, menos esas necesarias para excusarte o expresar tristeza por la falta cometida.

Algo importante que aprendí, es que el perdonar no es tan necesario con palabras. Debemos aprender y enseñar cómo expresar el perdón. Sin embargo, muchas personas por su forma de comunicarse diferente piden perdón con abrazo, o con sentarse a tu lado.

Existen códigos familiares que brindan ¨algo¨ que entienden por perdón, sea darlo o recibirlo, te abrazan o se entristecen contigo, y es su lenguaje más cercano para expresar su arrepentimiento o entender le perdonan o es perdonado. Hasta no aprender y expresarlo, identificar estos códigos mejora la relación.

Lo que muchas veces nos detiene a perdonar, aparte de no saber expresarnos o entenderlo necesario; es un freno al sentir que debemos comenzar de nuevo. Superar el pasado, recuperarte a ti mismo, o lograr avanzar en caminos diferentes al acostumbrado, genera una serie de emociones nuevas. Estas emociones o nos confrontan, o nos retan a superar todo obstáculo.

Recuerdo que para mí era muy fácil pedir perdón y decir te perdono. Sin embargo, en la primera oportunidad se evidenciaba el malestar o la herida con palabras o gestos. Esto no es perdonar.

Cuando hablamos de las piezas rotas tenemos dos caminos: Uno que guía hacia quedarnos estancados, amargados, compadecidos hasta del perro que nos mire, porque hemos preferido mantenernos derribados antes de intentar nuevas batallas. Cada día es una puerta abierta, intenta que abra de adentro hacia afuera. Si te equivocas, la puerta con el tiempo no abrirá.

Nuestras emociones pueden ser las peores armas para sanar, cuando justificamos nuestro dolor y cada situación tiene su propio personaje. No le permitas a nadie protagonizar tu historia.

El segundo camino, guía hacia la sanidad. Tomar cada pieza rota y hacer de ellas un nuevo paquete, con letras de bendición. Emociones de amor que iluminen donde estemos porque nuestros ojos brillaran como luceros entre lágrimas o risas.

Desafíate a amarte, a perdonarte y a valorar todo cuando has logrado y encontrado entre tus piezas rotas y las heridas confusas. Cuando perdamos la ruta, el GPS celestial siempre nos mostrará la ruta correcta hacia volver a LA CRUZ. Allí somos libres, salvos.

Mudar nuevos pasos hacia sanar, permitirá cosechar semillas sembradas, olvidadas, que esperan florecer para Jesús. Tu mejor versión de ti es hoy, perdonarte no es opción, es decisión que sanará y llenará de paz. Perdona, Perdónate. ¡Cree en Ti!

*De modo que si alguno está en Cristo,
nueva criatura es; las cosas viejas pasaron;
he aquí todas son hechas nuevas.*

2 Corintios 5:17

Ejercicios de autoevaluación:
Capítulo 14: El Perdón.

¿La palabra perdón existe su historia familiar o es parte de su agenda de palabras usadas con regularidad?

____

____

____

¿Qué entiende por perdonar?

____

____

____

¿Qué entiende por ser perdonado?

____

____

____

¿Cuáles resultados entiende usted ofrece el perdón?

____

____

____

¿Cuáles áreas afecta la falta de perdón o el exceso de perdón?

____

____

____

¿Cuáles sentimientos o emociones relaciona usted al perdón?

____

____

____

¿Qué es el perdón? ¿En qué ayuda? ¿Qué tan efectivo puede ser?_______________________________________

____

____

¿Puedes perdonar fácilmente las faltas hacia su persona?

____

____

____

¿Puedes perdonar las faltas cometidas a otras personas?

____

____

____

¿EL perdonar o ser perdonado permite todo vuelva como antes?____

____

____

¿Ha necesitado perdonarse por sus acciones? ¿Ha sido fácil?

Si_____   No ______ Nos gustaría escuchar su historia.

____

____

____

¿Tiene aportes, experiencias o algún consejo, que ayude a otras personas la importancia y beneficios de perdonar?

____

____

____

Perdonar es cuestión de humildad.
Cuando perdonamos, nos liberamos de cargas invisibles.
Perdonar, es el acto de libertad más alto, recibido en La Cruz.
Restaura la paz más en quien lo ofrece,
que en quien es perdonado.

Tiempos de Pandemia
Capítulo 15

¿Imaginó alguna vez vivir en tiempos de Pandemia? ¿Existía en su conocimiento algún dato relacionado con Cuarentena prolongada? ¿Cómo ha sido esta experiencia de vida?

Muchos fuimos sorprendidos en tiempo, lugar y conocimiento. La pandemia nos movió las formas de pensar y actuar. Sin dejar lugar a dudas o malentendidos, no estábamos preparados para este evento.

La primera reacción siempre fue escuchar o tratar de entender, viví momentos de incredulidad hacia los organismos de salud y gobiernos estatales en general. Y han sido cuestionadas, hasta rechazarlas públicamente, sus supuestas intervenciones.

En mi caso, vivir una pandemia nos llenó de temores, necesidades de acercarme más a nuestros seres queridos, con rutinas marcadas hacia mejorar nuestros errores.

Cuando escuché sobre el virus, el gobernador de NY ya estaba dando la voz de alerta para cerrar el Estado, porque consideró prudente declararlo en emergencia, cosa que entendí exagerado por no ser partidaria política y haber notado procedimientos excesivos en eventos de desastres ocurridos en el pasado. No digo sea así, al final los resultados fueron confirmados. Si bien estábamos siendo amenazados, en la mayor parte de la población las informaciones corrían como murmullo y palabreo entre patios. No fue hasta entender la magnitud del problema, que me preocupé e inicié un seguimiento para estar mejor informada.

**¿Te impresionó o preocupó, inicialmente,
estar en casa?**

Lamentablemente bien informados nunca estamos, se cometieron muchos errores, el ensayo y error primó en los inicios del protocolo para pandemia, lo que dio lugar a riesgos mayores con incremento en pérdidas humanas. Al final, no estábamos ni bien, ni mal; simplemente no sabíamos qué hacer y confiar en las autoridades (que tampoco sabían qué hacer) era nuestra única esperanza.

En fin, no busco responsables, ni pienso que culpando a nadie lograríamos resultados. Igual existen personajes que, responsables o no, ni si quiera han sido abordados o señalados de la forma correcta para a tiempo minimizar las muertes.

El no saber fue más peligroso que el mismo virus, porque la falta de protocolos e información generó guías confundidas, y rutinas nuevas de salud, que hoy todas han sido retiradas.

Recuerdo me sentí muy mal, creí estar agripada o con las acostumbradas alergias, y por temor a qué podía suceder o a dónde ir, preferí hacer lo que muchos en tiempos de pandemia con desconocimiento mundial. Inicié con medicamentos o remedios caseros, me nutria de ideas positivas para no perder esperanza en mis fuerzas. Llamé dos veces a mi trabajo por sentirme sin fuerzas, adolorida y con el cuerpo como apaleado.

Luego de dos días, para faltar a mi puesto laboral por tercera vez, iba a necesitar un certificado médico, y preferí orar, pedir por mis fuerzas y tomar un paraguas como bastón para no faltar un día más al trabajo… ¿Te imaginas? O sea, preferí estar enferma en casa antes que ir a un centro, porque el peligro estaba más entre los profesionales que en casa. Eso pensamos muchos, y nos frenamos para no visitar centros de salud.

Viví para contar esta historia, entendí que todo tiene su tiempo bajo el sol y nosotros no vamos a evitar que se cumpla lo que en La Biblia está escrito. Igual no nos vamos a liberar de la muerte por estar o no en tal o cual posición. Pero sobreviví.

Para los que creemos en Dios, este tiempo ha sido tan fuerte, que hemos necesitado más fe que la hasta ahora profesada, más confianza que la expresada estando desesperanzados.

Creer más en Dios y en que Su Palabra se cumplirá, y Él teniendo el control de todo, me calmé para entender: en cada situación que permite nos bendecirá.

¿Te pasó algo parecido? Aún estoy acomodando mi forma de creer.

La pandemia mostró una realidad en casa, el trabajo, en las relaciones interpersonales, las actividades o rutinas, en la forma del manejo del tiempo y las finanzas... Nuestra vida Indisciplinada.

La vida no acabó, pero no puede ser la misma. Las personas deben seguir en sus nuevos esquemas, y no preocuparse porque vuelva la supuesta normalidad pedida, porque si llegó el virus para enseñarnos y estamos mirando hacia atrás: ¿cómo vamos a aprender pendientes de volver a nuestra vida anterior?

Debemos sacar lo aprendido de todo este proceso. Sí, duela o no, es algo bueno y de provecho que debemos aprender. Cada historia es única, y debes evaluar tus eventos para llegar a la enseñanza. Dios lo permitió, Él nos cuidará. ¡Créelo!

- ➤ ¿De dónde viene mi socorro?
- ➤ ¿En quién o qué he depositado mi confianza?
- ➤ ¿Cuántos ídolos he reconocido en este proceso?
- ➤ ¿Cómo he manejado mis finanzas?
- ➤ ¿Qué he aportado en mi familia para que las consecuencias de pérdidas sean menos traumáticas?

Puede continuar con preguntas y más preguntas:

____

____

Ya no es tiempo de cuestionarnos o buscar respuestas, y menos si algunas ya la sabemos y no las aceptamos, ó si sabemos no van a ser encontradas por mucho tiempo.

La peor pandemia estaba en nosotros, y el virus llegó a mostrar la desorganización mundial sufrida por las generaciones, por la falta de respeto a la vida, a la naturaleza, a los animales, hacia las diferencias. El valor que cada uno dimos al dinero, las necesidades de tenencias que en casa no fueron necesarias ni para tener salud, comer o sentir paz.

Con Amor y Perdón no inició en la pandemia, es un relato de muchos años, que, para aprovechar nuestras ofertas de tiempos extendidos en casa, enfoqué mis energías para enviar esperanza con mis escritos a quienes aún después de aún año, en casa, siguen dormidos y sin entender que vivimos con un nuevo virus, vino para quedarse y nos va a continuar enseñando como se vive desde la perspectiva cognitiva virtual. No es fácil la nueva normalidad, pero debe mostrar vías hacia mejores resultados que los obtenidos.

La respuesta de por qué llegó este 2020 tan sorpresivo, la encontré en:

✓ Cada mujer maltratada,
✓ Cada niño abortado,
✓ Cada persona abusada,
✓ Cada proyecto en busca de igualdades que cada día nos separa más, a unos grupos de otros.

Viví, además, como el dolor ajeno y propio se volvió ¨memes¨ en las redes. Como era más importante grabar las noticias que ayudar al enfermo o accidentado.

Con la pandemia no se perdieron tantas vidas como con los abortos, asesinatos por pandillas, las guerras, el maltrato intrafamiliar, los eventos naturales que de una forma también ha causado el hombre con tantas industrias y desforestación.

El dato que me hace creer esto, es que ya veía estadísticas alarmantes sobre todos estos grupos, y en las noticias el sensacionalismo sólo crece a ofrecer agresividad e informaciones que muchas veces desinforman.

Cada país tenía sus propios problemas y se lanzaban las bolas de unas canchas a otras con comparaciones interminables de qué país era mejor, cuál gobierno era más estable; y esta vez nadie sabía nada, y el virus llegó al mundo a encerrarnos. Ningún personaje, gobernante, científico o letrado teórico podía ofrecer respuestas o breves palabras que de luz a todo lo acontecido. Hasta hoy siguen los ensayos, y el aumento de fallecidos.

En los días que entendí estábamos en casa, igual resumí mis rutinas en preocuparme por quienes no veo, ni escucho a diario. Escribir y ver programas de necesidades personales para ofrecer palabras de aliento, en grupos con los que ya interactuaba.

La verdadera iglesia volvió a casa, sin rituales dominicales. Las tiendas no necesitaban abrir sus puertas para distraer, ni los intereses ya eran iguales. Iniciamos un camino hacia nuestro propio interior ¿y qué encontramos?: lo inhabilitado que estábamos para conocernos a nosotros mismos y a los demás. La percepción tan errada de nuestras proyecciones, el lugar que habían ocupado las cosas en nuestras vidas, tales como: celular, carro, casa, rutinas; se fueron. Este virus, llegó para quedarse.

En Pandemia aprendí que:
El Mayor de los Virus, Es la Falta de Amor.
No estamos solos en casa, estamos en nuestro Hogar. Aprovecha Tu Tiempo.

Por esto, en duelo, desesperanza, soledad o necesidad de saber hacia dónde debemos ir: En ti está la respuesta.

Nuestra vida estaba hacia afuera, nuestras rutinas en las localidades donde circulamos, nuestro amor hacia agradar, servir o compartir con quienes eran nuestro núcleo social o familiar. Todo estaba en un orden errado, necesitábamos un cambio, y aún está mal.

La pandemia te puso en primer lugar, llevó tus ideas a entender que tanto te has amado, les puso caducidad a todas nuestras tenencias porque nos dimos cuenta lo innecesario que es tener cosas, sin saber a quién exhibirlas. Notaste que el desánimo creció por falta de abrazos, por no saber qué hacer con el ¨imperio perfecto que muchos ya habíamos armado¨.

Empezaron los nuevos episodios de Animales Sueltos o Libres Decían: el hombre por fin fue enjaulado por todas sus animaladas. Los entierros perdieron su solemnidad y las familias han vivido el arrebatamiento más cercado al rapto de sus seres queridos. Si existió alguna esperanza de ser la raza más inteligente, nos fue cuestionada la forma en que usamos nuestra inteligencia. Confiados en ello, nuestros propios errores nos tienen atrapados en dolorosos momentos históricos, que cada 100 años llegan para reorganizar o tratar de sanar el daño que lamentablemente es irreparable. Lejos de entender, nos acercamos al fin, estamos buscando volver a la ¨normalidad¨.

Muchos aún no abren los ojos, pero lo principal es salir del letargo en el cual nos hemos mantenido por generaciones. Aprender no es creer que nos han utilizado como ¨ratas de laboratorio¨, o lamentarnos porque nos han alcanzado con muertes repentinas y dolorosas. Aprender es que en tiempos de dificultades o crisis nuestros propios esquemas puedan ser reinventados para ser luz en medio de tantas tinieblas.

Mientas unos lloran y se ahogan en llantos, otros reman en su mar bravío de lágrimas, para avanzar hasta que las aguas se calmen. Porque no existe un peor o mejor dolor, cada caso es único y todos sabemos el tamaño de pañuelo necesario que limpie la vista opaca.

Nada es imposible para Dios, lo que puede detener tu paz y bendición es tu conexión y actitud frente al mensaje enviado hoy.

Alzaré mis ojos a los montes;
¿De dónde vendrá mi socorro?

2 Mi socorro viene de Jehová,
Que hizo los cielos y la tierra.

3 No dará tu pie al resbaladero,
Ni se dormirá el que te guarda.

4 He aquí, no se adormecerá ni dormirá
El que guarda a Israel.

5 Jehová es tu guardador;
Jehová es tu sombra a tu mano derecha.

6 El sol no te fatigará de día,
Ni la luna de noche.

7 Jehová te guardará de todo mal;
El guardará tu alma.

8 Jehová guardará tu salida y tu entrada
Desde ahora y para siempre.
Salmos 121

Ejercicios de autoevaluación:
Capítulo 14: Tiempos de Pandemia.

Relata tu versión sobre la pandemia, tu proceso y qué aprendiste
o estás viviendo todavía.

____

____

____

____

____

____

____

____

____________ no te detengas, hazlo con el corazón:

____

____

____

____ duele
perder un ser querido, más duele tratar olvidar que ya no está

____

____

____

____

gracias por compartir tu testimonio.

Nombre __________________________ Fecha________

¿Cuándo entendiste era una pandemia y necesitabas cuidarte, qué hiciste?

____

____

____

____

____

Cuántas personas se vieron afectadas, luego de publicarse la propagación del virus en tu zona.

____

____

____

____

____

¿Eres de los que temen vacunarse? ¿Qué le dices a quienes estén o no vacunados?

____

____

____

____

____

¿Has acompañado a alguien, desarrollado algún servicio comunitario o enviado interés de ayudar en grupos de servicios por la pandemia, o siempre ofrecer ayuda?

____

____

____

____

____

¿Qué cambió, y qué aún entiende debes cambiar?

____
____
____
____
____
____
____
____
____
____

¿Sufrió desempleo, presupuesto estresante o falta de ingresos? ¿Cómo superó la crisis durante este tiempo?

____
____
____
____
____

¿Qué mensaje enviaría a las personas, para ver oportunidades desde casa, en tiempos crisis, de encierros, con o sin pandemia? Este es su tiempo de enviar testimonio que edifique.

____
____
____

Si, en la pandemia, no aprendimos a amarnos valorar, y a cuidar de nuestras vidas y la de nuestros familiares. El mensaje no llegó.

Despierta

Es un gozo saber que este libro puede entusiasmar hacia la sanidad. Escribir no es sólo plasmar emociones, se necesita humildad y honestidad, hasta ver el camino despejarse día tras día, y fluyan los recuerdos, las actividades o cualquier dato oportuno que te guíe a la verdad, o hacia el momento donde la herida inició, y lograr recordarlo sin dolor. ¡Sentirse Libre!

No force sus ideas, respire, tome tiempo, agua, y utilice sus propias estrategias para sentir libertad al escribir cualquier información, sin olvidar que inicia un camino con su yo, no se trata de más nadie, o cambios repentinos en su vida.

Curiosamente hemos ayudado a otros a liberarse, y sanan. Sin embargo, cuando se trata de autoayuda patinamos ¨en el bache¨, cayendo en abismos profundos. ¿Le ha pasado? Es más normal de lo que cree. Siga adelante con su proceso. ¡Lo logrará!

Cualquier duda despejada ya es ganancia, puede consultar a quienes conocen su historia, a veces hasta recordamos lo que repetitivamente decían y, quizás, por eso confundimos la información. Yo vengo de allí, sé lo que se siente.

A partir de este momento, usted decide qué hacer con su historia. Si necesita ayuda no lo dude, solicítela, confiando todo lo mejor está por venir. Estoy aquí para acompañarle, si no sabe en quien confiar, o tiene dudas de cómo avanzar. Confíe en usted primero.

No está solo, y quienes le aman nunca se apartarán de su lado. Además, La Voluntad de Dios, ya está en control de sus letras.

Recuerde:

- No lo tome personal, quien hiere ya fue o está herido.
- Sus puertas deben abrir desde el corazón hacia afuera cada día.
- Existen problemas, y El Dios de lo Imposible está en control de ellos. No está sólo. Abrace la esperanza. Agradezca. Lo mejor está por venir.
- No puede dar lo que no tiene, revise sus balances afectivos y de gratitud. De seguro tiene gran inventario de bendición por distribuir.
- Cuide sus palabras. Dañar puede ser normal, hacerlo rutina no.
- Cambie su forma por deseo personal, o guíese de sabios en La Palabra.
- Reste protagonismo a quienes le ayudan, el cambio depende de usted.
- Su tiempo vale: Evite invasiones o cambios de agenda propia, por ajena.
- No devuelva maldad con maldad. Se dañará dos veces.
- El amor no se demuestra. Se vive, se percibe. Se entrega con acciones. Nunca es manipulado o intercambiado, no es premio. Es Regalo Divino.
- Las mejores vestimentas son: Sonreír, abrazar, escuchar y agradecer.
- La culpa y la responsabilidad son pasado. Debe solucionarlo hoy.
- El como yo me siento, depende de mí autopercepción.
- Tener amor propio incompleto, ofrece un paquete de ¨algo¨ roto.
- Amar y perdonar es por y para usted, es aceptar lo que recibió en la cruz.
- El peor virus, es la falta de amor y respeto propio, y hacia los demás.
- Puede haber sido maltratado, y no es permiso para dañar o dañarse.
- En cada nacimiento se rompe un esquema, porque somos únicos.
- En el universo, sólo su mundo debe girar hacia usted. ¡Ámate, tú vales!

¡Despierta!

Cada día debe llenarlo de amor hacia usted.

Epílogo

Al completar los capítulos, sus instrumentos, y recibir el mensaje que cada uno ofrece o entiende ha recibido, vale decirle: ¡Gracias! Hasta aquí ha llegado a la parte que sólo usted entiende en cuál rango definirse. No sin antes entender, es un salto hacia niveles de paz y conocimiento deseados, para la libertad emocional y espiritual.

La vida nunca te garantiza un gran final, ella es resultado de casi todos nuestros pasos y decisiones. Procura que el final, en cada hoy que vivas, sea bueno. Tu presente garantiza un mejor futuro.

Comprenderte suma paz, te hace sentir listo para continuar por vía correcta hacia horizontes, que aún sean desconocidos, te acreditan balances sustanciosos en la salud integral, y tus reservas de relaciones interpersonales.

Con un libro tu vida no cambia, sólo puedes recibir letras que apoyen versiones hacia sanar conflictos internos o externos. Abrazar esta guía puede ayudar a voltear la cara de la historia, o a empalmar las piezas faltantes, rotas o no.

Es vital aprender que puedo desarrollar la gratitud, celebrando cada momento, cada jornada laboral, cada persona con la cual interactuamos. Cada mirada al espejo.

Con Amor y Perdón podemos disciplinarnos, no necesitamos aceptación o certificación. Sin embargo, es importante dejar huellas de bendición, porque el testimonio habla más que mil palabras. Fíate de Jehová… porque cada día trae su propio afán, y debemos estar equipados en La Palabra, para que Dios pueda hacer el resto.

Apartarnos para Jesús, no todo es permitido. ¡Cuídate de ti!

Agradecimientos

Agradezco a mi Padre Celestial, a Jesús y al Espíritu Santo, que en La Cruz me fue entregado el más alto sacrificio de amor y perdón demostrado en la existencia de la humanidad; para sanar, liberar y salvarme de mis propias ataduras y pecados.

A mi padre, Héctor Francisco Ferrand (Chichí), quien en su afán por dar amor se olvidó de sí mismo, y nos enseñó a disfrutar la vida con sus bondades, siendo jocoso, sin importar la situación. Papi, sin ti este libro no tendría sentido, ¡gracias! Te amamos y extrañamos cada día.

A mi madre, por amar y agradecer con su obediencia, enseñándome con su testimonio que Jesús es todo. Gracias Mi Má Linda. Te amo.

A mis hermanas y hermano, ese hogar donde todo inició y, del cual me siento tan agradecida, porque nuestros años juntos tienen letras infinitas, bendecidas y eternas. Los amo.

Y, por último, a esa niña K (Karina) que, llorando, encontró en el Señor Jesús el camino hacia la Sanidad, Con Amor y Perdón, venciendo su timidez. Luchó contra sus propios miedos durante años, superando expectativas de vida, fe y esperanza. ¡Y hoy es Libre!

Lourdes Karina Ferrand Estepan

Cada Día Es Una Puerta

La libertad para amarte es clave para la sanidad y el desarrollo de una vida equilibrada.

Cada día es una puerta de bendición en tu corazón, ábrela desde adentro hacia afuera, porque con el tiempo las cosechas florecerán, y los frutos alimentarán a muchos, nutriendo para bendición y vida eterna.

Desafíate a construir sendas con letras de bendición, donde cada pieza rota sea utilizada libre de frustraciones, con sanidad integral, para con Amor ser luz en el camino de otros, mostrando el perdón recibido que nos hace libres, y complementando una historia nueva, con propósito celestial.

¡Jesús, la única puerta hacia la vida eternidad!

Dios bendiga tu vida, y la de todos tus seres queridos.

¡Amén!

Notas para el Autor: